BESTACTIVITYBOOKS.COM

Copyright © 2022 LINGUAS CLASSICS

Todos los derechos están reservados. Ninguna parte de este libro puede ser reproducida o utilizada de ninguna manera sin el permiso escrito del titular de los derechos de autor, excepto para el uso de citas en una reseña de libros.

PRIMERA EDICIÓN - 2022

Ilustración Gráfica Extra: www.freepik.com
Gracias a Alekksall, Starline, Pch.vector, Rawpixel.com, Vectorpocket, Dgim-studio, Upklyak, Macrovector, Stockgiu, Pikisuperstar & Freepik.com Designers

Descubra Juegos Gratis Online

Disponibles Aquí:

BestActivityBooks.com/FREEGAMES

5 CONSEJOS PARA EMPEZAR

1) CÓMO RESOLVER LAS SOPA DE LETRAS

Los rompecabezas tienen un formato clásico:

- Las palabras se ocultan sin espacios ni guiones,...
- Orientación: Las palabras pueden escribirse hacia delante, hacia atrás, hacia arriba, hacia abajo o en diagonal (pueden estar invertidas).
- Las palabras pueden superponerse o cruzarse.

2) APRENDIZAJE ACTIVO

Junto a cada palabra hay un espacio para anotar la traducción. Para fomentar un aprendizaje activo, un **DICCIONARIO** al final de esta edición te permitirá comprobar y ampliar tus conocimientos. Busca y anota las traducciones, encuéntralas en el puzzle y añádelas a tu vocabulario!

3) MARCAR LAS PALABRAS

Puedes inventar tu propio sistema de marcado. ¿Quizás ya usas uno? También puedes, por ejemplo, marcar las palabras difíciles de encontrar con una cruz, las que te gustan con una estrella, las nuevas con un triángulo, las raras con un diamante, etc.

4) ESTRUCTURAR EL APRENDIZAJE

Esta edición ofrece un **CUADERNO DE NOTAS** muy práctico al final del libro. En vacaciones, de viaje o en casa, podrás organizar fácilmente tus nuevos conocimientos sin necesidad de un segundo cuaderno!

5) ¿HABÉIS TERMINADO TODAS LAS PARRILLAS?

En las últimas páginas de este libro, en la sección **DESAFÍO FINAL**, encontrarás un juego gratis!

¡Rápido y sencillo! Echa un vistazo a nuestra colección de libros de actividades para tu próximo momento de diversión y aprendizaje, ¡a sólo un clic de distancia!

Encuentre su próximo reto en:

BestActivityBooks.com/MiProximoLibro

En sus marcas, listos, ¡Ya!

¿Sabías que hay unas 7.000 lenguas diferentes en el mundo? Las palabras son preciosas.

Nos encantan los idiomas y hemos trabajado duro para crear libros de la más alta calidad para tí. ¿Nuestros ingredientes?

Una selección de temas adecuados para el aprendizaje, tres buenas porciones de entretenimiento, y luego añadimos una cucharada de palabras difíciles y una pizca de palabras raras. Los servimos con cariño y máxima diversión para que puedas resolver los mejores juegos de palabras y te diviertas aprendiendo!

Tu opinión es esencial. Puedes participar activamente en el éxito de este libro dejándonos un comentario. Nos encantaría saber qué es lo que más le ha gustado de esta edición.

Aquí hay un enlace rápido a tu página de pedidos:

BestBooksActivity.com/Opiniones50

Gracias por tu ayuda y diviértete!

Todo el equipo

1 - Arqueología

```
P R O F E S O R W T X A Ć P
Y C R C A I N Y T Ą I W Ś U
T A L Z E S P Ó Ł A P F O I
K A N A L I Z A Q A Y T Ł G
E A R L W E Z A G A D K A N
I R I C Ś O K H W X V I I I
B U A N E C O S J K L L N E
O B A D A C Z T P P T E E Z
A N T Y K B T M W E H R I N
Z A P O M N I A N Y R L M A
C Y W I L I Z A C J A T A N
G R O B O W I E C Q P H K Y
P O T O M E K K E M W R S U
N O H G T O A W F X D A Y T
```

ANALIZA	SKAMIENIAŁOŚĆ
ANTYK	KOŚCI
LAT	BADACZ
CYWILIZACJA	ZAGADKA
POTOMEK	OBIEKTY
NIEZNANY	ZAPOMNIANY
ZESPÓŁ	PROFESOR
ERA	RELIKT
OCENA	ŚWIĄTYNIA
EKSPERT	GROBOWIEC

2 - Granja #2

```
T  W  Z  W  I  E  R  Z  Ą  T  K  E  L  P
S  C  J  P  A  S  T  E  R  Z  I  B  A  S
A  O  Ę  K  U  K  U  R  Y  D  Z  A  M  Z
D  W  C  O  C  I  Ą  G  N  I  K  O  A  E
Z  C  Z  W  R  W  Q  Ć  Q  J  J  T  N  N
O  E  M  O  F  A  O  Ś  Ł  R  I  S  T  I
Q  K  I  C  A  K  C  O  Z  D  E  I  U  C
S  O  E  I  N  A  I  N  D  A  W  A  N  A
J  T  Ń  L  B  Y  K  W  R  K  Ł  Ą  K  A
A  L  O  J  M  U  F  Y  O  Z  G  Ł  N  G
G  P  S  D  Q  U  Q  Ż  L  C  D  I  B  C
N  Z  R  B  O  B  T  V  N  A  P  H  V  R
I  K  H  Ł  T  Ł  Ł  X  I  K  Q  T  N  R
Ę  E  Z  U  L  Q  A  E  K  Ł  G  R  M  B
```

ROLNIK
ZWIERZĄT
JĘCZMIEŃ
UL
ŻYWNOŚĆ
JAGNIĘ
OWOC
STODOŁA
SAD
MLEKO

LAMA
KUKURYDZA
OWCE
PASTERZ
KACZKA
ŁĄKA
NAWADNIANIE
CIĄGNIK
PSZENICA

3 - La Empresa

```
I  I  N  W  E  S  T  Y  C  J  A  Y  M  P
Z  N  P  R  Z  E  M  Y  S  Ł  L  G  O  R
A  A  N  Ś  W  I  A  T  O  W  Y  I  Ż  O
J  J  T  O  T  W  Ó  R  C  Z  Y  A  L  F
C  Z  B  R  W  X  S  I  L  I  I  V  I  E
A  Y  I  U  U  A  J  A  K  O  Ś  Ć  W  S
T  C  Z  Y  V  D  C  K  X  V  T  Z  O  J
U  E  N  D  G  D  N  Y  N  V  P  A  Ś  O
P  D  E  N  U  G  Y  I  J  L  O  S  Ć  N
E  O  S  E  Y  A  B  S  E  N  D  O  N  A
R  I  S  R  M  H  F  I  K  N  Y  B  Ł  L
P  V  Z  T  R  Y  Z  Y  K  A  I  Y  L  N
A  E  F  N  Ę  W  Q  F  H  U  L  E  B  Y
H  B  T  G  U  P  P  R  O  D  U  K  T  K
```

JAKOŚĆ	MOŻLIWOŚĆ
TWÓRCZY	PRODUKT
DECYZJA	PROFESJONALNY
ZATRUDNIENIE	POSTĘP
ŚWIATOWY	ZASOBY
PRZEMYSŁ	REPUTACJA
INNOWACYJNY	RYZYKA
INWESTYCJA	TRENDY
BIZNES	

4 - Aviones

```
B A T M O S F E R A I G L O
Z U R P M M N R K M X W Ą R
W A D G F Q P T I C L M D F
Y P Ł O A L F X N R Ó D O W
S R S O W D P A L I W O W H
O O Z U G A P Ł I U A B A I
K J P H J A G G S N U E N S
O E I S M R A I Q K Z I I T
Ś K L I B E R M X C N N E O
Ć T O N L R O Ś K I Y O G R
F M T P R Z Y G O D A L L I
U X P O W I E T R Z E A L A
K I E R U N E K R U T B M Y
Y D A N A W I G O W A Ć W N
```

POWIETRZE	PROJEKT
WYSOKOŚĆ	BALON
LĄDOWANIE	ŚMIGŁA
ATMOSFERA	WODÓR
PRZYGODA	HISTORIA
NIEBO	SILNIK
PALIWO	NAWIGOWAĆ
BUDOWA	PILOT
KIERUNEK	ZAŁOGA

5 - Tipos de Cabello

```
C  I  E  Z  C  O  K  R  A  W  M  P  P  I
I  K  O  L  Z  Y  I  B  Q  X  I  F  L  Z
K  C  Y  Ł  A  W  K  H  V  E  Ę  A  E  H
T  R  Z  K  R  R  R  M  T  P  K  L  C  B
Ó  Z  Ę  A  N  S  U  C  H  Y  K  I  I  R
R  N  B  C  Y  B  L  O  N  D  I  S  O  Ą
K  T  E  O  O  D  P  W  K  Q  K  T  N  Z
Ł  R  I  K  I  N  Ł  D  M  P  N  Y  Y  O
Z  D  R  O  W  Y  E  U  I  B  E  R  B  W
K  D  G  L  J  S  J  Y  G  X  I  A  I  Y
X  R  Z  G  N  Y  Z  T  W  I  C  Z  A  L
P  A  P  U  V  Ł  D  J  F  H  E  S  Ł  Y
B  N  S  R  E  B  R  O  R  Ł  X  C  Y  Y
B  Ł  Y  S  Z  C  Z  Ą  C  Y  B  U  R  G
```

BIAŁY	FALISTY
BŁYSZCZĄCY	SREBRO
ŁYSY	KRĘCONE
KRÓTKI	LOKI
CIENKI	BLOND
SZARY	ZDROWY
GRUBY	SUCHY
DŁUGIE	MIĘKKI
BRĄZOWY	PLECIONY
CZARNY	WARKOCZE

6 - Ciencia Ficción

```
T  Y  N  Z  C  Y  T  S  Y  R  U  T  U  F
R  A  T  E  N  A  L  P  K  D  Q  Q  Y  D
Ł  J  J  D  Y  T  O  B  O  R  O  B  V  P
S  Z  A  E  N  Z  F  Ł  D  A  A  O  X  D
E  U  T  K  M  V  E  I  C  I  P  J  Y  G
Ś  L  O  S  O  N  Y  S  A  I  A  I  N  O
W  I  M  I  G  P  I  H  H  G  Y  K  J  Y
I  U  O  Ą  I  R  C  C  K  I  N  O  R  X
A  T  W  Ż  E  I  B  U  Z  Ł  J  T  J  X
T  O  Y  K  Ń  C  W  B  X  Y  R  S  C  Z
S  P  T  I  N  A  K  Y  T  K  A  L  A  G
K  I  J  P  Ł  X  U  W  J  S  E  F  O  B
G  A  G  J  S  W  Y  R  O  C  Z  N  I  A
S  C  E  N  A  R  I  U  S  Z  S  V  B  C
```

ATOMOWY	ILUZJA
KINO	KSIĄŻKI
SCENARIUSZ	TAJEMNICZY
WYBUCH	ŚWIAT
SKRAJNY	WYROCZNIA
OGIEŃ	PLANETA
FUTURYSTYCZNY	ROBOTY
GALAKTYKA	UTOPIA

7 - Circo

```
Z  P  S  R  X  Z  T  G  Q  O  W  R  M  E
W  A  Z  U  Q  Z  O  Y  G  S  I  T  U  K
I  R  T  Q  F  B  I  F  G  L  D  Ł  Z  O
E  A  U  A  P  O  M  U  G  R  Z  K  Y  S
R  D  C  Ć  A  Z  A  K  O  P  Y  Z  K  T
Z  A  Z  X  J  E  N  U  A  L  K  S  A  I
Ą  Y  K  Ż  O  N  G  L  E  R  E  U  V  U
T  E  A  L  A  K  R  O  B  A  T  A  Z  M
X  D  R  M  E  B  R  U  T  R  P  S  X  M
B  N  J  O  L  W  C  B  A  Y  O  Ł  D  T
M  A  G  I  K  B  A  L  O  N  Y  N  A  S
G  S  Ł  O  Ń  M  A  G  I  A  P  L  B  M
S  P  E  K  T  A  K  U  L  A  R  N  Y  Y
S  C  U  K  I  E  R  E  K  N  J  J  Y  K
```

AKROBATA	MAGIA
ZWIERZĄT	MAGIK
CUKIEREK	ŻONGLER
NAMIOT	MAŁPA
PARADA	POKAZAĆ
SŁOŃ	MUZYKA
SPEKTAKULARNY	KLAUN
WIDZ	TYGRYS
BALONY	KOSTIUM
LEW	SZTUCZKA

8 - Granja #1

```
D V E J S R P Q J K U S M K
K O I H U O V S G A M I M U
O F N Z Ó W A N Z L O A I R
Ń L E A K T P J Y C L N Ó C
V J Z E B C I E L Ę Z O D Z
K K D O S I F L H T W O Y A
R S O Y L N M O T Ł O N Ł K
O R R O S L I P F W D K E A
W A G U O O L Q Y G A Y F Z
A N O R W R R B Q G I P Y O
N A S I O N A Y V R M Ł A K
P I E S Y G H A Ż V E J T V
O S I O Ł Z J T A I I A N D
S R D M X A N Q F C Z C A U
```

PSZCZOŁA
ROLNICTWO
WODA
RYŻ
OSIOŁ
KOŃ
KOZA
POLE
WRONA
NAWÓZ

KOT
SIANO
MIÓD
PIES
KURCZAK
NASIONA
CIELĘ
ZIEMIA
KROWA
OGRODZENIE

9 - Camping

```
P O L O W A N I E K W J P K
Z W I E R Z Ą T Y A W A R A
V J S J X I Y L I J P O Z P
L A T A R N I A P A M I Y E
J U Y S I N O O F K S Z G L
E D R Z E W A N I B A K O U
Z A N A T U R A E R P M D S
I W C G S P R Z Ę T M X A Z
O O Y P Ó Q W G E Ł O B A H
R W Ż Ł H R F Q C D K I A N
O L Ę Ł L Y A K Ł T Q A P T
O G I E Ń I M F I T K W P D
G L S A L F N Q B Ł P S J U
Ł U K N L Y F A A M O I B D
```

ZWIERZĄT
PRZYGODA
DRZEWA
LAS
KOMPAS
KABINA
KAJAK
POLOWANIE
LINA
SPRZĘT

OGIEŃ
HAMAK
OWAD
JEZIORO
LATARNIA
KSIĘŻYC
MAPA
GÓRA
NATURA
KAPELUSZ

10 - Fruta

```
B A N A N C W A D O G A J K
B K W U G P A N W N R J G O
M Z I T U M A Y C O W A G K
A S N R A L E R O M K P P O
N U O G W Ł Z T W I K A J S
G R G E A G S Y X Q E P D F
O G R U M C O C Q E Q V G O
Z C O S A N A N A I N Ś I W
O K N N L J A B Ł K O X M E
X K O L I D D Q N N Y M E F
P X I S N M E L O N O W A H
T T L W A N Y R A T K E N U
I T P D I I S E H Z X X I T
B R Z O S K W I N I A B J K
```

AWOKADO	JABŁKO
MORELA	BRZOSKWINIA
JAGODA	MELON
WIŚNIA	NEKTARYNA
KOKOS	PAPAJA
MALINA	GRUSZKA
GUAWA	ANANAS
KIWI	BANAN
CYTRYNA	WINOGRONO
MANGO	

11 - Geología

```
G Q K K S S T R E F A K S W
R V O R T L L E R I Ł W K U
O G N Y A A Z Z W E Ł A A L
T S T S L Ó S Ż C S Z S M K
A D Y Z A K X Y F Ł A J I A
H B N T G V R W L A W A E N
S Y E A M E R O Z J A Q N G
W Ł N Ł I Z O K A A P O I O
K A T Y T B R S X C H K A W
A R R T Y T K A L A T S Ł A
M E Z S S Q U Ł D A O S O P
I N Y Ł T K S P N Y R P Ś Ń
E I H L G W K W A R C O Ć N
Ń M F C N P A J X X L J K K
```

KWAS
WAPŃ
WARSTWA
GROTA
KONTYNENT
KORAL
KRYSZTAŁY
KWARC
EROZJA
STALAKTYT

STALAGMITY
SKAMIENIAŁOŚĆ
GEJZER
LAWA
PŁASKOWYŻ
MINERAŁY
KAMIEŃ
SÓL
WULKAN
STREFA

12 - Álgebra

```
Q O X B Ć I C Ś O R P U U J
R J K S Ś M C T D H Y O Q Q
F C L O O A Z M E L B O R P
R A M V L P Y A J C K A R F
N O Ł Y I E N N M E M O Z Z
W T Z S Ł B N S O O V G J V
N Y J W Z D I I W C J A Ł G
U Z K L I Y K Ł A I Z D O P
M E Y Ł N Ą W J N R R O C G
E R Z R A K Z E I C Q O E R
R O L R S D E A E W C U P A
N A W I A S N C N V E B F L
I Q L T Y W O I N I L F Ł Z
R Ó W N A N I E K T E P Z H
```

ILOŚĆ
ZERO
PODZIAŁ
RÓWNANIE
WYKŁADNIK
CZYNNIK
FAŁSZYWE
FRAKCJA

LINIOWY
NUMER
NAWIAS
PROBLEM
ODEJMOWANIE
UPROŚCIĆ
ROZWIĄZANIE

13 - Plantas

```
D D W Q V Q M G H Y B Q N W
R R U B M E P I D N L U O Z
O D Z M B L F N L A U X G R
Ś E D E L I Ś C I W S F R A
L Ł B I W H E O P Ó Z L Ó P
I E K L G O I P U Z C O D Ł
N T D Ź A G C Ł K A Z R K A
N P U R W S V A D O G A J T
O R D Ó A U F A S O L A N E
Ś L H D R B L I Ś Ć I Ł N K
Ć F Ł Ł T M K A K T U S S L
R T V O O A K I N A T O B R
K W I A T B I H S P U S K K
P N M E C H L U G E X O A T
```

KRZAK
DRZEWO
BAMBUS
JAGODA
LAS
BOTANIKA
KAKTUS
NAWÓZ
KWIAT
FLORA

LIŚCI
FASOLA
BLUSZCZ
TRAWA
LIŚĆ
OGRÓD
MECH
PŁATEK
ŹRÓDŁO
ROŚLINNOŚĆ

14 - Suministros de Arte

```
K  R  E  A  T  Y  W  N  O  Ś  Ć  C  K  P
P  O  K  C  I  Ł  X  U  J  O  J  Z  R  Ę
J  O  Ł  U  D  O  L  E  J  C  Y  K  Z  D
J  S  M  Ó  A  K  W  A  R  E  L  E  E  Z
A  U  Ł  Y  W  P  A  S  T  E  L  E  S  L
P  H  E  Z  S  K  S  F  K  W  X  A  Ł  E
O  A  V  A  J  Ł  I  Ł  A  V  H  Q  O  S
G  I  P  D  Ł  Ó  Y  M  M  O  O  W  H  Z
L  D  T  I  V  T  W  J  E  L  K  O  N  T
I  Y  N  M  E  S  L  Y  R  K  A  D  P  A
N  W  K  C  Ł  R  Z  T  A  I  A  A  X  L
A  Ł  S  K  O  L  O  R  Y  B  R  A  F  U
I  B  Q  J  R  Q  P  H  S  X  M  J  C  G
G  U  M  K  A  R  T  N  E  M  A  R  T  A
```

OLEJ
AKRYL
AKWARELE
WODA
GLINA
GUMKA
SZTALUGA
KAMERA
PĘDZLE
KOLORY

KREATYWNOŚĆ
POMYSŁY
OŁÓWKI
STÓŁ
PAPIER
PASTELE
KLEJ
FARBY
KRZESŁO
ATRAMENT

15 - Negocio

```
R X G E Z F P T P U S R E S
I A O S C I O B I T P S K K
N J B N G R D U E O R P O L
W C F A W M A D N W Z J N E
E K N N T A T Ż I A E S O P
S A K I B Ł K E Ą R D J M Ł
T S Y F J A I T D M A E I A
Y N B I U R O F Z M Ż K A W
C A L E N O S R E P G O K A
J R P R A C O W N I K S Y L
A T K A R I E R A M R Z R U
P R A C O D A W C A X T B T
L I L N M T L L P R X Y A A
B B I Ł X G C N R X O T F Q
```

KARIERA
KOSZT
RABAT
PIENIĄDZE
EKONOMIA
PRACOWNIK
PRACODAWCA
FIRMA
FABRYKA
FINANSE

PODATKI
INWESTYCJA
TOWAR
WALUTA
BIURO
PERSONEL
BUDŻET
SKLEP
TRANSAKCJA
SPRZEDAŻ

16 - Jardín

```
O K T A R A S A C H M G O R
D E R C L J T Q H T A V R O
V N K Z Ż Ą W Q W R K M X U
Q A E T A I W K A A W O A Ł
C G C R R K A U S M A G T K
K I N W A R T C T P Ł R A A
S A D A G W S B Y O R O P I
F P C F I D V Y T L L D O N
D X W A F B Z X B I P Z Ł U
G R A B I E O X V N J E V B
D R Z E W O U G R A M N Z L
Q E J L Y F C G R H X I H L
U V O G G T A Y P Ó I E B V
T R A W A A E Q G T D J E N
```

KRZAK

DRZEWO

ŁAWKA

TRAWNIK

STAW

KWIAT

GARAŻ

HAMAK

TRAWA

SAD

OGRÓD

CHWASTY

WĄŻ

ŁOPATA

GANEK

GRABIE

GLEBA

TARAS

TRAMPOLINA

OGRODZENIE

17 - Países #2

```
I N D O N E Z J A J C E R G
A U S T R I A I L I B J P M
Ł L A J C N A R F S A A O E
E T I O P I A O S O D P R K
U Ł D R B D S U D A N O T S
Z V N A O V N Ł K K A N U Y
K I A U U S W K L J G I G K
I Ł L P K S J R A A U A A S
U L R G F R T A O M O L L Ł
E A I H H U A R S A Q P I Z
D A N I A T I I A J L Q A U
A L B A N I A Z N L W J W L
P A K I S T A N X A I R Y S
V R H T V H D B H Z O A E G
```

ALBANIA
AUSTRALIA
AUSTRIA
DANIA
ETIOPIA
FRANCJA
GRECJA
INDONEZJA
IRLANDIA
JAMAJKA

JAPONIA
LAOS
MEKSYK
PAKISTAN
PORTUGALIA
ROSJA
SYRIA
SUDAN
UKRAINA
UGANDA

18 - Números

```
D F B F E I C Ś A N S E Z S
Z W E I C Ś A N T Ę I P V P
I N B W K E U X Y R E T Z C
E Y N T Ę I S E I Z D D U O
S Z Z Ł V C T I O R E Z C S
I J B R O Ś R C L Q M I G I
Ę X M H T A Z Ś Y S N E E E
Ć O G V T N Y A S S A W N M
Ę S S L E A N N C I Ś I Q N
I Z Q I W W A R E E C Ę Ł A
P E W M E D Ś E L D I Ć D Ś
D Ś M O R M C T F E E K W C
B Ć Ł B K C I Z Q M O J A I
J N L U Y E E C Ł K A M C E
```

CZTERNAŚCIE
ZERO
PIĘĆ
CZTERY
DZIESIĘTNY
OSIEMNAŚCIE
SZESNAŚCIE
SIEDEMNAŚCIE
DZIESIĘĆ
DWANAŚCIE

DWA
DZIEWIĘĆ
OSIEM
PIĘTNAŚCIE
SZEŚĆ
SIEDEM
TRZYNAŚCIE
TRZY
JEDEN

19 - Física

```
W X W B C J C K J C H A O S
L D P W I Z Ą Z M I E N N A
E K B X B X Ą D A L X F S O
G Ę S T O Ś Ć S R U A R I L
Z P R Q G T R C T O N T L P
T J Y B J K W Z N E W Y N A
B B Q O X D B Ą O Q C Y I K
M G F Y J T X S R A F Z K I
F O R M U Ł A T T H C R K N
Ł G F I A R I K K Z P C Z A
R T Z M H K U A E C C G Ł H
U N I W E R S A L N Y A S C
N Z P M A S A X E S D Z Q E
M A G N E T Y Z M O T A S M
```

ATOM
CHAOS
GĘSTOŚĆ
ELEKTRON
FORMUŁA
GAZ
MAGNETYZM
MASA

MECHANIKA
CZĄSTECZKA
SILNIK
JĄDROWY
CZĄSTKA
UNIWERSALNY
ZMIENNA

20 - Belleza

```
X  F  O  T  O  G  E  N  I  C  Z  N  Y  A
N  V  D  E  L  E  G  A  N  C  J  A  T  M
O  L  J  J  E  O  D  R  W  T  R  K  L  A
P  Z  I  E  A  U  W  Ó  F  K  Ł  N  W  K
M  Y  K  L  T  F  A  K  S  A  Ł  I  S  I
A  Z  L  O  N  U  H  S  B  M  C  M  Ę  J
Z  Y  E  L  E  G  A  N  C  K  I  Z  Z  A
S  T  Y  L  I  S  T  A  T  J  B  S  R  Ż
L  K  Z  X  I  I  K  Y  T  E  M  S  O  K
P  U  Z  A  M  W  O  O  Ł  V  B  L  D  O
L  D  S  F  P  A  R  P  L  J  Q  O  Z  G
U  O  G  T  O  A  U  Y  V  O  M  K  S  F
A  R  Z  N  R  F  C  J  Ł  B  R  I  U  G
N  P  M  F  S  O  P  H  O  H  D  C  T  K
```

OLEJE	FOTOGENICZNY
SZAMPON	ZAPACH
KOLOR	ŁASKA
KOSMETYKI	MAKIJAŻ
ELEGANCJA	SKÓRA
ELEGANCKI	SZMINKA
UROK	PRODUKTY
LUSTRO	LOKI
STYLISTA	TUSZ DO RZĘS

21 - Países #1

```
H P N F F I M E X L V K S Ł
O A O I W N M W G R I A L W
N N R L S D A P W I Q B I C
D A W I A I L H P Ł P C I R
U M E P L E I B O S O T G A
R A G I U C G E L T E C K Y
A D I N Z C T L S S K M H G
S K A Y V Z X G K M W A O Y
N I E M C Y I I A Ł A R J Ł
Ł X D Y X D M A D V D O K Ł
B R A Z Y L I A A E O K R R
Z A R G E N T Y N A R O B Z
E J A H I S Z P A N I A Ł Ł
X F A U G A R A K I N G H C
```

NIEMCY
ARGENTYNA
BELGIA
BRAZYLIA
KANADA
EKWADOR
EGIPT
HISZPANIA
FILIPINY
HONDURAS

INDIE
WŁOCHY
LIBIA
MALI
MAROKO
NIKARAGUA
NORWEGIA
PANAMA
POLSKA

22 - Mitología

```
W  I  E  R  Z  E  N  I  A  T  S  M  E  Z
L  E  G  E  N  D  A  P  I  O  R  U  N  A
Ś  S  P  E  Ł  X  J  P  B  C  W  B  X  Z
G  M  E  I  A  L  C  F  O  Ł  N  E  M  D
R  T  I  N  F  O  A  S  X  T  W  L  S  R
Z  N  N  E  O  P  E  I  B  N  W  L  H  O
M  K  A  Z  R  Y  R  Ł  Ó  I  F  Ó  Y  Ś
O  U  W  R  T  T  K  A  S  E  H  J  R  Ć
T  L  O  O  S  E  E  B  T  B  I  T  A  G
B  T  H  W  A  H  L  L  W  O  X  T  J  Ł
C  U  C  T  T  C  I  G  N  E  A  M  C  W
G  R  A  S  A  R  T  V  D  Y  G  M  B  F
K  A  Z  L  K  A  L  A  B  I  R  Y  N  T
M  W  O  J  O  W  N  I  K  A  D  Y  H  D
```

ARCHETYP
ZAZDROŚĆ
NIEBO
ZACHOWANIE
KREACJA
WIERZENIA
STWORZENIE
KULTURA
BÓSTW
KATASTROFA

SIŁA
WOJOWNIK
LABIRYNT
LEGENDA
POTWÓR
ŚMIERTELNY
PIORUN
GRZMOT
ZEMSTA

23 - Ecología

```
S  C  S  Q  Ś  N  Z  Y  N  I  L  Ś  O  R
U  U  Z  P  W  A  A  N  A  I  M  D  O  R
S  E  H  U  I  T  S  O  N  G  A  B  O  Ć
Z  N  U  U  A  U  O  Ż  A  A  L  B  Y  Ś
A  R  P  M  T  R  B  A  G  S  M  W  W  O
K  F  V  T  O  A  Y  W  A  R  U  T  A  N
F  L  L  I  W  L  M  O  T  F  M  Z  A  N
Ł  A  I  O  Y  N  O  N  U  I  T  R  K  I
W  S  U  M  R  Y  R  W  N  Z  A  S  I  L
C  I  B  N  A  A  S  Ó  E  S  T  E  P  Ś
J  H  I  W  A  T  K  R  A  D  C  I  O
M  P  X  N  X  E  I  Z  L  A  S  Y  C  R
T  Q  S  P  O  Ł  E  C  Z  N  O  Ś  C  I
S  I  E  D  L  I  S  K  O  Z  A  G  K  F
```

KLIMAT
SPOŁECZNOŚCI
GATUNEK
FAUNA
FLORA
ŚWIATOWY
SIEDLISKO
MORSKI
NATURALNY

NATURA
BAGNO
ROŚLINY
ZASOBY
SUSZA
ZRÓWNOWAŻONY
ODMIANA
ROŚLINNOŚĆ

24 - Casa

```
D  R  Z  W  I  D  Ś  M  E  S  L  Y  B  C
T  Ó  O  O  O  A  C  I  K  Y  R  Y  I  B
F  P  R  L  N  C  I  O  L  P  O  C  B  X
S  S  T  G  K  H  A  T  K  I  G  Y  L  Ł
X  Ł  Ę  K  O  L  N  Ł  U  A  R  V  I  J
H  M  I  N  H  C  A  A  C  L  O  P  O  A
H  X  P  S  G  M  V  H  H  N  D  I  T  Q
P  R  Y  S  Z  N  I  C  N  I  Z  W  E  X
L  U  S  T  R  O  K  Y  I  A  E  N  K  K
W  Q  P  G  L  B  A  R  A  Q  N  I  A  Y
M  U  Ł  S  A  O  R  T  A  Ł  I  C  Q  G
C  B  C  X  K  R  J  S  N  N  E  A  B  T
L  A  M  P  A  N  A  W  Y  D  N  W  Z  S
K  O  M  I  N  E  K  Ż  S  Y  U  F  K  O
```

DYWAN	KRAN
STRYCH	OGRÓD
BIBLIOTEKA	LAMPA
KOMINEK	ŚCIANA
KUCHNIA	PIĘTRO
SYPIALNIA	DRZWI
PRYSZNIC	PIWNICA
MIOTŁA	DACH
LUSTRO	OGRODZENIE
GARAŻ	OKNO

25 - Salud y Bienestar #2

```
T C O O D W O D N I E N I E R
R H S D W I T A M I N A N D
A O B K Ż A I G R E L A F E
W R K A T Y P S Z P I T A L
I O R L P A W E W A G A Z M
E B E O A I B I T Q U G X A
N A W R K G D Z A Y W A U S
I R I I Y R D I I N T B D A
E C M A T E Z Z M T I S I Ż
H I G I E N A K O J Ł E E J
T Z Ł P N E B Q T Q D R T K
A J C K E F N I A D C T A I
X C Y F G I O S N J U S M S
Z D R O W Y Ł K A L P O S F
```

ALERGIA	GENETYKA
ANATOMIA	HIGIENA
APETYT	SZPITAL
KALORIA	INFEKCJA
ODWODNIENIE	MASAŻ
DIETA	ODŻYWIANIE
TRAWIENIE	WAGA
ENERGIA	ZDROWY
CHOROBA	KREW
STRES	WITAMINA

26 - Adjetivos #1

```
P H B S J X Y P S Y Z P D W
D O I Y N T U L O S B A U A
O I W Z R B F M X W B S Ż Ż
S N Z O H O J N Y A A L Y N
K O I S L K L I B Z A Ż Y Y
O W D Z S I D G B X G Ł N C
N O J A K T Y W N Y U M M Y
A C H A A M B I T N Y Ł O C
Ł Z D V S M Z H Q B S O R E
Y E J P Ł N O Y C C K D G N
T S G G X V Y K Z D C Y O N
Y N Z C Y T A M O R A R O Y
I Y C I Ę Ż K I C I E M N Y
N I E W I N N Y W I C Z C U
```

ABSOLUTNY
AKTYWNY
AMBITNY
AROMATYCZNY
JASNY
OGROMNY
HOJNY
DUŻY
UCZCIWY
WAŻNY

NIEWINNY
MŁODY
POWOLI
NOWOCZESNY
CIEMNY
DOSKONAŁY
CIĘŻKI
POWAŻNY
CENNY

27 - Familia

```
D C B C D D Z N I Ł X J G D
Z Ó A G I Z A L Q I E H R Z
I R B W Ł O I W O Q Z E I I
E K C V T S T E N Y Z U K E
C A I Ż O N A K C U F C S C
I S A M Ą Ż R T A K K R Ń I
Ń M M K W J B C C G O Q Y P
S K K X M D O T I G B T Z R
T E L O J C I E C G S J R Z
W D P O B R A T A N E K E O
O A Y I T R K G O F Q B I D
S I O S T R A K T A M F C E
S Z G C O Z L N V X W K A K
Y D W U J E K V C M U V M P
```

BABCIA
DZIADEK
PRZODEK
ŻONA
SIOSTRA
BRAT
CÓRKA
DZIECIŃSTWO
MATKA
MĄŻ

MACIERZYŃSKI
WNUK
DZIECKO
DZIECI
OJCIEC
KUZYN
BRATANEK
CIOTKA
WUJEK

28 - Disciplinas Científicas

```
B B R M N C N G M S B X M T
M A P A F H M E E O A K E E
B I O I H E K O C C I N T R
I M N M Z M A L H J G O E M
O O Z E P I I O A O O D O O
L T U H R A G G N L L Ż R D
O A F C R A O I I O O Y O Y
G N L O K Q L A K G E W L N
I A Q I A E O O A I H I O A
A Z Z B F P K L G A C A G M
B N A E P M E S L I R N I I
A S T R O N O M I A A A I A K
P S Y C H O L O G I A E C A
K P B O T A N I K A C E F L
```

ANATOMIA	MECHANIKA
ARCHEOLOGIA	METEOROLOGIA
ASTRONOMIA	MINERALOGIA
BIOLOGIA	ODŻYWIANIE
BIOCHEMIA	PSYCHOLOGIA
BOTANIKA	CHEMIA
EKOLOGIA	SOCJOLOGIA
GEOLOGIA	TERMODYNAMIKA

29 - Gatos

```
F  M  I  Y  C  M  C  M  C  L  N  P  N  Z
L  A  B  N  D  K  Z  T  E  C  Ł  R  I  K
Y  Ł  V  W  Z  O  Z  M  Z  Ł  D  Z  E  F
N  Y  K  A  I  R  S  N  F  A  R  Ę  Ś  I
O  I  S  B  K  T  A  O  P  P  H  D  M  G
L  T  E  A  I  U  L  G  B  A  N  Z  I  L
A  P  W  Z  A  F  Y  O  N  O  Y  A  A  A
Z  R  B  F  A  C  Z  U  Ł  Y  W  G  Ł  R
S  U  X  T  Z  L  L  R  B  W  A  O  Y  N
S  Z  Y  B  K  I  E  I  R  I  K  S  Ś  Y
L  A  L  M  S  N  G  Ż  D  L  E  G  Z  Ć
W  P  F  Y  Q  Z  F  O  N  Ś  I  S  E  N
T  C  Z  S  T  X  L  H  Q  Y  C  T  A  S
P  G  X  Z  A  K  F  C  T  M  F  S  P  W
```

CZUŁY	SZALONY
MYŚLIWY	ŁAPA
OGON	OSOBOWOŚĆ
CIEKAWY	FUTRO
SEN	MAŁY
PAZUR	MYSZ
ZABAWNY	SZYBKI
PRZĘDZA	DZIKI
NIEZALEŻNY	NIEŚMIAŁY
FIGLARNY	

30 - Cocina

```
K  S  D  W  I  D  E  L  C  E  L  Ł  F  P
I  V  O  Z  G  U  Q  M  H  G  O  Y  A  R
N  O  Ż  E  B  N  W  Y  S  P  D  Ż  R  Z
J  A  B  T  H  A  K  B  Ą  G  Ó  K  T  Y
A  B  B  T  K  I  N  L  H  B  W  I  U  P
Z  M  K  E  A  U  J  E  X  C  K  X  C  R
C  Ć  I  P  T  F  B  H  K  P  A  G  H  A
P  Ś  N  F  R  R  U  K  S  A  L  R  Ż  W
S  E  R  W  E  T  K  A  I  Ł  H  I  Y  Y
O  J  A  D  C  J  X  K  P  E  C  L  W  Y
G  C  K  R  I  O  G  S  E  C  O  L  N  V
Q  G  E  U  G  U  M  I  Z  Z  H  R  O  O
X  C  I  B  B  O  V  M  R  K  C  S  Ś  K
K  U  P  N  Ł  X  E  I  P  I  Y  X  Ć  U
```

CZAJNIK
JEŚĆ
ŻYWNOŚĆ
ŁYŻKI
CHOCHLA
NOŻE
FARTUCH
PRZYPRAWY
GĄBKA
PIEKARNIK

DZBANEK
PAŁECZKI
GRILL
PRZEPIS
LODÓWKA
SERWETKA
KUBKI
MISKA
WIDELCE

31 - Moda

```
T H P R A K T Y C Z N Y C E
K T A H Q L Q P O U E W Ł L
A M U F R Z K F R Ó Z W A E
N I J W T A N F I O B K N G
I K M I U J Y Ż K I S I I A
N N O W O C Z E S N Y T G N
A O B C V N Ł I I S R U Y C
P R Ł B L E B Z C K A B R K
S O E A W D R D Y R I X O I
T K F H L N Q O Z O M G T G
Y F U F J E E R R M O L Y O
L J I C D T N A P N P Ł H R
N I E D R O G I E Y U L N D
W Y R A F I N O W A N Y N D
```

NIEDROGIE
HAFT
PRZYCISKI
BUTIK
DROGI
ELEGANCKI
KORONKI
STYL
POMIARY
NOWOCZESNY

SKROMNY
ORYGINAŁ
WZÓR
PRAKTYCZNY
ODZIEŻ
PROSTY
WYRAFINOWANY
TKANINA
TENDENCJA

32 - Electricidad

```
T  S  I  L  A  M  P  A  P  V  Y  B  Y  G
Z  I  Z  H  L  K  I  X  G  Ł  N  L  B  N
G  I  P  H  W  Y  D  O  W  E  Z  R  P  I
A  A  K  W  Ó  R  A  Ż  S  E  C  Ł  C  A
V  I  M  H  H  T  P  S  F  P  Y  N  T  Z
T  R  S  L  H  K  J  Y  H  P  R  V  N  D
M  E  U  V  L  E  B  A  K  R  T  Z  V  O
I  T  L  R  I  L  A  J  N  O  K  B  Ę  O
N  A  P  E  I  E  I  X  F  B  E  Q  X  T
U  B  I  S  W  L  H  N  Y  I  L  W  K  N
S  E  W  A  O  I  O  Y  J  E  E  X  P  F
U  O  D  L  H  M  Z  Ś  Ł  K  S  I  E  Ć
M  A  G  N  E  S  H  J  Ć  T  L  M  J  R
T  E  L  E  F  O  N  S  A  Y  I  Ł  C  Q
```

BATERIA

ŻARÓWKA

KABEL

PRZEWODY

ILOŚĆ

ELEKTRYK

ELEKTRYCZNY

GNIAZDO

SPRZĘT

MAGNES

LAMPA

LASER

MINUS

OBIEKTY

PLUS

SIEĆ

TELEWIZJA

TELEFON

33 - Salud y Bienestar #1

```
Z  T  Q  M  A  F  A  B  I  K  V  P  S  H
K  Ł  T  G  A  K  Y  I  E  O  H  O  K  O
R  K  A  N  M  T  T  J  Ł  Ś  I  S  Ó  R
T  O  C  M  Ł  J  E  Y  A  C  U  T  R  M
R  K  N  P  A  V  E  R  W  I  N  A  A  O
R  N  A  M  U  N  A  P  A  N  X  W  K  N
B  E  I  N  Ś  Ę  I  M  Ł  P  Y  A  E  Y
R  Ł  O  K  T  K  R  E  E  D  I  W  T  P
N  A  W  Y  K  R  E  L  A  K  S  A  P  H
U  S  W  R  L  J  T  W  I  R  U  S  A  R
I  Ł  J  N  I  V  K  O  D  R  U  C  H  G
S  V  I  I  D  I  A  K  I  N  I  L  K  Ł
L  E  K  A  R  Z  B  U  Ł  Q  I  X  V  Ó
L  E  C  Z  E  N  I  E  S  H  Ł  L  V  D
```

AKTYWNY	KOŚCI
BAKTERIA	MIĘŚNIE
KLINIKA	SKÓRA
LEKARZ	POSTAWA
APTEKA	ODRUCH
ZŁAMANIE	RELAKS
GŁÓD	TERAPIA
NAWYK	LECZENIE
HORMONY	WIRUS

34 - Adjetivos #2

```
T V R V V D V Z Q K C N I P
I W U A Z A N L A M R O N I
D H Ó L S Ł A W N Y I W N K
E Z U R J Y D Y E N Ł Y A A
I C I K C N A G E L E N T N
K I N P Y Z S Z P I H L U T
D K Ł P N A Y V Z S S A R N
O U I P H Ł M N Ł V I D A Y
Ł I M Q Q A F X O O Y A L H
S S H N Z Z P R Y Ł Y J N O
B W H F Y Ż E I W Ś S Q Y H
Z M Ę C Z O N Y Z D R O W Y
H A O P I S O W Y S U C H Y
I N T E R E S U J Ą C Y X O
```

ZMĘCZONY
JADALNY
TWÓRCZY
OPISOWY
SŁODKIE
ELEGANCKI
SŁAWNY
ŚWIEŻY
SILNY

INTERESUJĄCY
NATURALNY
NORMALNA
NOWY
DUMNY
PIKANTNY
SŁONY
ZDROWY
SUCHY

35 - Cuerpo Humano

```
F X Q Y P U G H J L D G P I
L U N O S N C E L A P Ł O K
Z U K K A O S H U S T A D O
U O M O I G Z E O D Z R B L
A A M V X A Y D Y N X Ó R A
N V L V J D J W P W T K Ó N
R V F Ę I M A R T D A S D O
Ł O K I E Ć S E R C E O E J
J Ę Z Y K K I K G G F R K W
M K W G L R Z P A P Ł V F Q
I S K O U E W X P K B O C I
K C M F Y W Ł S Q G Ę M W G
M Ó Z G R T R E T W A R Z A
K O S T K A Ł N T L A D V B
```

PODBRÓDEK	JĘZYK
USTA	RĘKA
GŁOWA	NOS
TWARZ	OKO
MÓZG	UCHO
ŁOKIEĆ	SKÓRA
SERCE	NOGA
SZYJA	KOLANO
PALEC	KREW
RAMIĘ	KOSTKA

36 - Ciencia

```
E  B  H  O  I  X  X  F  Z  Q  P  R  Q  G
N  W  P  L  X  B  G  R  A  W  G  O  B  Z
A  N  O  T  T  E  R  L  D  K  I  Ś  B  S
D  J  P  L  G  Ł  L  T  O  D  T  L  Ł  A
M  M  A  R  U  T  A  N  T  A  M  I  L  K
T  Ł  D  J  Y  C  A  F  E  N  J  N  R  M
Ł  S  Q  V  C  L  J  W  M  B  M  Y  U  I
V  Ł  F  Z  Z  V  D  A  K  Y  Z  I  F  N
S  K  A  M  I  E  N  I  A  Ł  O  Ś  Ć  E
U  I  P  O  N  A  U  K  O  W  I  E  C  R
E  I  K  T  S  Ą  Z  C  C  I  K  G  Z  A
S  B  Y  A  O  R  G  A  N  I  Z  M  M  Ł
C  Z  Ą  S  T  E  C  Z  K  I  E  J  F  Y
E  K  S  P  E  R  Y  M  E  N  T  D  B  F
```

ATOM	FAKT
NAUKOWIEC	METODA
KLIMAT	MINERAŁY
DANE	CZĄSTECZKI
EWOLUCJA	NATURA
EKSPERYMENT	ORGANIZM
FIZYKA	CZĄSTKI
SKAMIENIAŁOŚĆ	ROŚLINY

37 - Restaurante #2

```
K W D T E P K R W N A P Ó J
R J A J A Y E Y L M C P M M
Z M I D Ł S L B E A D W U O
E S B O M Z N A W K B N H Z
S J O V Z N E H I A Ł S H O
Ł F D Q P Y R D D R Y C U Ł
O T S A I C N Ł E O Ż L Q I
H Ł D L O W O C L N K V A T
M P S L Ó D C Ł E Ó A G V U
S A Ł A T K A T C O S J T B
I A W Y Z R A W O D A S E A
B P R Z Y P R A W Y K R J A
P R Z Y S T A W K A E A L H
Ł D Y V F F G Ł Q P P P O S
```

WODA
PRZYSTAWKA
NAPÓJ
KELNER
OBIAD
ŁYŻKA
PYSZNY
SAŁATKA
PRZYPRAWY
MAKARON

OWOC
LÓD
JAJA
CIASTO
RYBA
SÓL
KRZESŁO
ZUPA
WIDELEC
WARZYWA

38 - Profesiones #1

```
C X D R R B S P G M Q P S A
K I J R X J E I L Y G O T M
Y G P E T Z V A D Ś E L R B
J U B I L E R N A L O P A A
Z R A K E L U I F I L J Ż S
N M O N O R T S A W O L A A
O A E A A K A T U Y G S K D
V H U B O A Ł A M U Z Y K O
O I K K I L U A R D Y H Q R
O K C M O K A R T O G R A F
L N L Q J W T A N C E R Z D
T R E N E R I A D W O K A T
R E S A B Z R E A T L E T A
R E D A K T O R C I F R H R
```

ADWOKAT
ASTRONOM
ATLETA
TANCERZ
BANKIER
STRAŻAK
KARTOGRAF
MYŚLIWY
NAUKOWIEC

LEKARZ
REDAKTOR
AMBASADOR
TRENER
HYDRAULIK
GEOLOG
JUBILER
MUZYK
PIANISTA

39 - Vehículos

```
R  J  A  P  C  F  K  S  U  B  O  T  U  A
A  X  M  O  B  B  L  I  R  N  G  U  N  Ł
K  Ś  B  C  U  Q  W  L  V  D  O  H  J  B
I  M  U  I  E  C  A  N  A  W  A  R  A  K
E  I  L  Ą  K  D  G  I  Ł  Ó  D  Ź  W  U
T  G  A  G  J  D  H  K  T  A  X  I  T  S
A  Ł  N  J  M  Ó  F  O  Z  T  J  Ł  A  A
U  O  S  S  Z  H  M  A  Y  R  C  B  R  M
S  W  T  R  C  C  I  Ą  G  N  I  K  T  O
N  I  R  E  W  O  R  S  N  S  O  D  H  L
C  E  H  W  Y  M  M  E  T  R  O  P  O  O
V  C  P  W  G  A  S  P  R  O  M  E  O  T
A  P  J  Y  O  S  U  H  N  Y  B  G  S  F
N  V  C  I  Ę  Ż  A  R  Ó  W  K  A  T  G
```

AMBULANS
AUTOBUS
SAMOLOT
TRATWA
ŁÓDŹ
ROWER
CIĘŻARÓWKA
KARAWANA
SAMOCHÓD
RAKIETA

PROM
VAN
ŚMIGŁOWIEC
METRO
SILNIK
OPONY
TAXI
CIĄGNIK
POCIĄG

40 - Geometría

```
R Ó W N O L E G Ł Y S V K W
C Z Ł O N H J Ń V J A P R Y
M A S A K K T E O R I A Z S
T R Ó J K Ą T Z W K A J Y O
I M H E K A B C K Ą T C W K
P O Z I O M Y I N T P R A O
H A W N I Y G L I R I O J Ś
Y F B A A W D B Y H O P M Ć
K G H N Ł Z Y O A W N O E Z
N P K W M A M M D N O R D L
Q H F Ó A U K M I Z W P I Q
P W H R S D I Y V A Y D A W
S Y M E T R I A Q Z R S N W
L O G I K A N U M E R G A T
```

WYSOKOŚĆ	MEDIANA
KĄT	NUMER
OBLICZEŃ	RÓWNOLEGŁY
KRZYWA	PROPORCJA
WYMIAR	CZŁON
RÓWNANIE	SYMETRIA
POZIOMY	TEORIA
LOGIKA	TRÓJKĄT
MASA	PIONOWY

41 - Vacaciones #2

```
U S W Z J M E Z R O M T R W
V P Y R Z O J Ł E G L A E I
B J S P A I C Ę J D Z X S Z
H B P P O Z A Ż A L P I T A
J O A R C D W O P P N R A N
R X T U F J R W A O A S U T
F T V E L I E Ó M C M Y R R
F K Z B L P Z Q Ż I I F A A
Q I M T P D E B C Ą O W C N
B N K R T Y R Ó G G T J J S
C U D Z O Z I E M I E C A P
Z W B W Y P O C Z Y N E K O
L P A S Z P O R T T S R F R
L O T N I S K O L C U D T T
```

LOTNISKO
NAMIOT
CUDZOZIEMIEC
ZDJĘCIA
HOTEL
WYSPA
MAPA
MORZE
GÓRY
WYPOCZYNEK

PASZPORT
PLAŻA
REZERWACJE
RESTAURACJA
TAXI
TRANSPORT
POCIĄG
PODRÓŻ
WIZA

42 - Baile

```
C T R A D Y C Y J N Y S V P
C H P N P A R T N E R Z E O
A A O Z O M P T Y D L T M S
W B M R S K O K N T N U O T
T Y Ł Q E X W G Z D F K C A
Y N R K O O L H C U R A J W
T S S A K Ł G U Y A R B A A
B O Ł W Z A L R S E Y Ó R V
J D N A L I D E A W T R U L
O A E B S C S G L F M P T J
K R R R C K E T K Z I P L P
M U Z Y K A A G Y H U A U I
K U L T U R A L N Y U F K O
A K A D E M I A O Z V U P J
```

AKADEMIA
RADOSNY
SZTUKA
KLASYCZNY
CHOREOGRAFIA
CIAŁO
KULTURA
KULTURALNY
EMOCJA
PRÓBA

WYRAZISTY
ŁASKA
RUCH
MUZYKA
POSTAWA
RYTM
SKOK
PARTNER
TRADYCYJNY

43 - Matemáticas

```
G R Ó W N A N I E Ś A O R Ł
F E P R O M I E Ń R R B Ó N
W R O B G A K C P E Y W W Q
W Y A M H C C F S D T Ó N C
I D K K E H A U T N M D O X
E Z E Ł C T U E A I E F L B
L I G G A J R I R C T W E A
O E V I B D A I D A Y G G I
K S K G P U N F A D K E Ł R
Ą I B D M Q P I W D A R Y T
T Ę X Q G E Ł I K A L L I E
F T Ą K O T S O R P U M V M
D N T R Ó J K Ą T W K Ą T Y
N Y Ł D A P O T S O R P F S
```

ARYTMETYKA
KĄTY
OBWÓD
KWADRAT
DZIESIĘTNY
ŚREDNICA
RÓWNANIE
KULA
WYKŁADNIK

FRAKCJA
GEOMETRIA
RÓWNOLEGŁY
PROSTOPADŁY
WIELOKĄT
PROMIEŃ
PROSTOKĄT
SYMETRIA
TRÓJKĄT

44 - Restaurante #1

```
M  X  O  S  Ę  I  M  N  Ó  Ż  K  Ł  C  Q
A  I  Ć  Ś  E  J  P  C  P  A  A  B  H  Ł
J  L  S  X  Y  R  E  S  E  D  S  J  L  I
X  U  E  K  N  J  W  M  Y  P  J  S  E  S
M  W  T  R  A  T  R  E  N  N  E  S  B  R
L  O  N  Z  G  P  A  Y  T  Q  R  K  T  E
Z  J  J  N  Q  I  W  H  N  K  G  Ł  A  Z
E  H  N  I  K  M  A  F  A  A  A  A  L  E
K  E  L  N  E  R  K  A  K  Z  R  D  E  R
Ż  Y  W  N  O  Ś  Ć  F  I  C  I  N  R  W
O  P  M  A  E  H  N  F  P  R  Q  I  Z  A
J  Q  E  C  S  Q  T  J  O  U  L  K  Ł  C
Q  J  N  E  O  T  G  W  A  K  N  I  T  J
M  C  U  O  S  K  U  C  H  N  I  A  A  A
```

ALERGIA	MENU
KAWA	CHLEB
KASJER	PIKANTNY
KELNERKA	TALERZ
MIĘSO	KURCZAK
KUCHNIA	DESER
JEŚĆ	REZERWACJA
ŻYWNOŚĆ	SOS
NÓŻ	SERWETKA
SKŁADNIKI	MISKA

45 - Profesiones #2

```
Z N Q A W X D P O A O P U D
O A H U I R V Z Ł F G I C E
O U G K X I T I Y O R L L N
L C C Z C A D A B T O O X T
O Z Z R A L A M C O D T L Y
G Y C A U Y H Y U G N D X S
U C V K T F G R U R I H C T
L I F I L O Z O F A K I U A
E E B N J A L T K F M S Y Ł
K L I N A S T R O N A U T A
A A O E I L U S T R A T O R
R R L I W Y N A L A Z C A H
Z K O Z D E T E K T Y W Z V
U R G D I N Ż Y N I E R C H
```

ASTRONAUTA	WYNALAZCA
BIOLOG	BADACZ
CHIRURG	OGRODNIK
DENTYSTA	LEKARZ
DETEKTYW	DZIENNIKARZ
FILOZOF	PILOT
FOTOGRAF	MALARZ
ILUSTRATOR	NAUCZYCIEL
INŻYNIER	ZOOLOG

46 - Senderismo

```
P  R  Z  Y  G  O  T  O  W  A  N  I  E  M
B  C  I  Ę  Ż  K  I  B  P  J  T  H  E  A
Z  M  Ę  C  Z  O  N  Y  U  M  U  X  X  P
K  N  M  K  T  H  Ł  R  I  T  W  B  G  A
O  A  S  B  X  A  A  B  R  U  Y  Q  V  M
M  T  K  P  R  Z  E  W  O  D  N  I  K  I
A  U  E  K  P  W  Z  W  U  I  M  K  S  Z
R  R  M  H  J  F  Ł  W  O  C  W  I  Ł  Ł
Y  A  P  P  A  R  K  I  I  D  M  Z  O  C
J  O  I  K  L  I  M  A  T  E  A  D  Ń  Z
L  B  N  Q  D  H  V  R  G  B  R  C  C  Z
H  W  G  K  L  I  F  Ó  J  X  R  Z  E  I
S  Z  C  Z  Y  T  Q  G  X  Z  Z  A  Ą  D
F  K  A  M  I  E  N  I  E  J  T  P  L  T
```

KLIF
WODA
ZWIERZĄT
BUTY
KEMPING
ZMĘCZONY
KLIMAT
SZCZYT
PRZEWODNIKI
MAPA

GÓRA
KOMARY
NATURA
PARKI
CIĘŻKI
KAMIENIE
PRZYGOTOWANIE
DZIKI
SŁOŃCE

47 - Naturaleza

```
D I G K I A N J O K O P S A
P F S P U S T Y N I A I C R
M G Ł A Ł W Ą N S L K Ę H K
F Z H H T G Z Z A O E K R T
E R O Z J A R C N D Z N O Y
P L C T P D E I K O R O N C
P S A J A Z I M T W I M I Z
T N Z S W I W A U I S P E N
V V F C V K Z N A E T R N Y
K C G K Z I U Y R C O S I R
L I Ś C I O I D I C T I E U
V Q Ł Q L B Ł G U Q N C S M
X H O Y J B J Y M I E G V H
S P O K O J N Y F S K W K C
```

PSZCZOŁY
ZWIERZĄT
ARKTYCZNY
PIĘKNO
LAS
PUSTYNIA
DYNAMICZNY
EROZJA
LIŚCI
LODOWIEC

MGŁA
CHMURY
SPOKOJNA
SCHRONIENIE
RZEKA
DZIKI
SANKTUARIUM
SPOKOJNY
ISTOTNE

48 - Conduciendo

```
D  N  M  F  S  U  B  O  T  U  A  Z  R  P
N  Ć  I  Q  U  V  S  X  U  Q  C  Ć  U  I
P  Ś  I  C  V  Ł  S  L  N  Q  R  Ś  C  E
A  O  I  K  H  S  Y  G  E  A  I  O  H  S
Q  N  L  S  G  D  T  H  L  W  A  K  D  Z
U  Ż  K  I  S  A  M  O  C  H  Ó  D  R  Y
L  O  Y  E  C  L  U  M  A  H  U  Ę  O  L
I  R  C  J  B  J  Z  Ł  P  B  S  R  G  I
C  T  O  K  E  D  A  P  Y  W  I  P  O  C
A  S  T  R  H  G  G  P  R  N  L  L  W  E
S  O  O  N  P  Ż  A  R  A  G  N  X  Y  N
C  A  M  P  A  L  I  W  O  M  I  O  R  C
C  I  Ę  Ż  A  R  Ó  W  K  A  K  O  Y  J
M  G  T  J  T  R  A  N  S  P  O  R  T  A
```

WYPADEK	MAPA
AUTOBUS	MOTOCYKL
ULICA	SILNIK
CIĘŻARÓWKA	PIESZY
SAMOCHÓD	POLICJA
PALIWO	OSTROŻNOŚĆ
HAMULCE	TRANSPORT
GARAŻ	RUCH DROGOWY
GAZ	TUNEL
LICENCJA	PRĘDKOŚĆ

49 - Ballet

```
U T A N C E R Z E X T T Y I
M B A L E R I N A Y Z Y N N
I T E C H N I K A A K J Z T
E A I F A R G O E R O H C E
J S K E K R Y T M T M A Y N
Ę Ć T Y N B E F M S P D T S
T D W Y Z Y H P I E O D S Y
N L G I L U O R Ę I Z P Y W
O D D M C O M Ó Ś K Y L T N
Ś Q V L K Z C B N R T E R O
Ć E W S D P Y A I O O K A Ś
O K L A S K I Ć E Y R C S Ć
P U B L I C Z N O Ś Ć J X J
W Y R A Z I S T Y T S E G X
```

OKLASKI	GEST
ARTYSTYCZNY	UMIEJĘTNOŚĆ
PUBLICZNOŚĆ	INTENSYWNOŚĆ
BALERINA	LEKCJE
TANCERZE	MIĘŚNIE
KOMPOZYTOR	MUZYKA
CHOREOGRAFIA	ORKIESTRA
PRÓBA	ĆWICZYĆ
STYL	RYTM
WYRAZISTY	TECHNIKA

50 - Fuerza y Gravedad

```
W O M A G N E T Y Z M J M Y
Ł E D P R Ę D K O Ś Ć T U Ł
A O K L N T Y L I H Y S R W
Ś Ś Y S E G W P L A N E T Y
C C T A P G B I Ł I L I N Ł
I G I Z G A Ł L O N A C E P
W A C C T N O I V S Y C W
O T A R C I E S Ś I R R A U
Ś W B R T B M A J Ć E K K W
C E A C V R V W N A W D Y N
I Ł S G Z O R C X N I O Z M
V H N P A E I N E I N Ś I C
W I E L K O Ś Ć Q D U C F L
B D F M E C H A N I K A G Q
```

CENTRUM
ODKRYCIE
ODLEGŁOŚĆ
OŚ
EKSPANSJA
FIZYKA
TARCIE
WPŁYW
MAGNETYZM
WIELKOŚĆ

MECHANIKA
ORBITA
WAGA
PLANETY
CIŚNIENIE
WŁAŚCIWOŚCI
CZAS
UNIWERSALNY
PRĘDKOŚĆ

51 - Pájaros

```
N X K W I Ź D Ę B A Ł O H Ł
K U R C Z A K R O K W A L F
M J R Y P Z K S C L A E M C
C Z A P L A I V I A Q G M J
V K A C Z K A R A N O R W A
P U C L P Q X P N U Ś Ę G S
J S O R Z E Ł P E K Y A O T
A K Ł U K U K I K L I N Ł R
J G N K B R A N Q E I A Ą Z
K Ł U P W Z F G Q B A K B Ą
O V K P Y O Z W E Ó T U A B
U Z J W A I H I C R O T U N
S T R U Ś P O N R W V I P F
W M F L A M I N G E K Z E D
```

STRUŚ	WRÓBEL
ORZEŁ	JASTRZĄB
BOCIAN	JAJKO
ŁABĘDŹ	PAPUGA
KUKUŁKA	GOŁĄB
WRONA	KACZKA
FLAMING	PELIKAN
GĘŚ	PINGWIN
CZAPLA	KURCZAK
MEWA	TUKAN

52 - Geografía

```
G  Ó  R  A  P  Z  A  C  H  Ó  D  Z  P  N
G  Y  K  O  N  T  Y  N  E  N  T  G  Ó  M
N  R  Y  R  Z  E  K  A  P  A  M  Z  Ł  I
T  E  R  Y  T  O  R  I  U  M  G  S  N  A
P  O  D  N  I  E  S  I  E  N  I  E  O  S
A  K  R  P  S  O  Y  A  Q  H  P  I  C  T
K  I  N  W  Ó  R  A  N  L  O  N  N  Ś  O
X  Y  I  Q  V  Ł  C  T  Z  T  P  D  W  R
R  Y  U  S  U  X  K  M  R  J  A  U  I  E
F  M  G  H  Ł  W  M  U  P  A  P  Ł  A  G
U  G  N  H  O  F  X  O  L  N  S  O  T  I
P  O  Ł  U  D  N  I  K  R  A  Y  P  B  O
K  R  A  J  H  A  W  B  R  Z  W  J  R  N
W  Y  S  O  K  O  Ś  Ć  B  U  E  J  H  Y
```

WYSOKOŚĆ
ATLAS
MIASTO
KONTYNENT
RÓWNIK
PODNIESIENIE
PÓŁKULA
WYSPA
MAPA
MORZE

POŁUDNIK
GÓRA
ŚWIAT
PÓŁNOC
ZACHÓD
KRAJ
REGION
RZEKA
POŁUDNIE
TERYTORIUM

53 - Música

```
M I K R O F O N H B E G O Z
M K N B A L L A D A I H P R
T U T E M P O J G U T Q E A
Y D S K L A S Y C Z N Y R K
R H C I N A G R A N I E A N
Ó Y N Z C I N O M R A H L E
H W C S D A I N O M R A H S
C A S F L I L Ł N W J Ł D O
B L Q Ł Z D P O E T Y C K I
M B E M J O S W G I A Ł Y P
F U Y E F L A D O R X P Z C
A M Ć A W E I P Ś K J L U J
A K Z S L M W J B J A G M J
I N S T R U M E N T T L P A
```

HARMONIA
HARMONICZNY
ALBUM
BALLADA
PIOSENKARZ
ŚPIEWAĆ
KLASYCZNY
CHÓR
NAGRANIE
INSTRUMENT

MELODIA
MIKROFON
MUSICAL
MUZYK
OPERA
POETYCKI
RYTM
TEMPO
WOKAL

54 - Actividades

```
D J O G R O D N I C T W O U
X E L O W T S R A K D Ę W M
K U K W A A K U T Z S S C I
E E B H Ł N K W U M L Z Z E
I Z M U S I R F C Q T Y Y J
N I X P O E K E W T A C T Ę
A Ł K C I C C D L S O I A T
W V Q H M N E V A A Z E N N
O Y M B E C G P D G K Y I O
L T H O Z M A G I A A S E Ś
O X E Y R G B W C C K Z Q Ć
P R Z Y J E M N O Ś Ć Q O B
Z T D C E R A M I K A Ł N L
D Z I A Ł A L N O Ś Ć D W F
```

DZIAŁALNOŚĆ
SZTUKA
RZEMIOSŁA
TANIEC
KEMPING
POLOWANIE
CERAMIKA
SZYCIE
UMIEJĘTNOŚĆ

OGRODNICTWO
GRY
CZYTANIE
MAGIA
WĘDKARSTWO
PRZYJEMNOŚĆ
RELAKS
ZAGADKI

55 - Verduras

```
L K E R Ó G O U Y Z C F N M
Z Q G N E G T Z Ł G E Y Y A
G R Z Y B L H Z U C B A U R
R Z O D K I E W K A U W K C
W D E I U Ł P S O W L T A H
V Y E R Z R E R R I A F N E
R N A Ż A Ł K A B L S N I W
O I R Z E P A E I O N Y P K
D A E Ł E K A I N M E I Z A
I K A R C Z O C H S B R S E
M Ł X X V N I W R V O I T S
O M V I Z W K G J X R Z R C
P I E T R U S Z K A I A C J
G R O C H S A Ł A T K A N F
```

CZOSNEK	IMBIR
KARCZOCH	RZEPA
SELER	OLIWA
BAKŁAŻAN	ZIEMNIAK
BROKUŁY	OGÓREK
DYNIA	PIETRUSZKA
CEBULA	RZODKIEWKA
SAŁATKA	GRZYB
SZPINAK	POMIDOR
GROCH	MARCHEWKA

56 - Instrumentos Musicales

```
I  J  Z  L  B  I  O  A  C  L  O  K  X  H
K  W  D  R  P  Ę  H  U  U  Ł  B  L  S  A
C  X  W  D  J  P  B  A  U  K  Ó  A  F  R
T  C  G  Q  F  B  P  E  Z  W  J  R  A  M
S  K  R  Z  Y  P  C  E  N  F  L  N  G  O
M  T  A  M  B  U  R  Y  N  Z  J  E  O  N
A  P  C  B  N  P  H  A  R  F  A  T  T  I
N  M  U  N  O  O  B  J  R  Y  I  E  N  J
D  A  Z  Z  F  N  A  S  R  A  Y  L  G  K
O  R  V  H  O  I  N  U  N  K  T  F  N  A
L  I  Ł  L  S  N  J  K  Z  B  E  I  O  Y
I  M  Ł  M  K  A  O  R  Ł  Ą  T  P  G  J
N  B  U  Ł  A  I  H  E  V  R  U  I  Q  X
A  A  R  T  S  P  P  P  X  T  T  T  B  D
```

HARMONIJKA	OBÓJ
HARFA	TAMBURYN
BANJO	PERKUSJA
KLARNET	PIANINO
FAGOT	SAKSOFON
FLET	BĘBEN
GONG	PUZON
GITARA	TRĄBKA
MANDOLINA	SKRZYPCE
MARIMBA	

57 - Mascotas

```
K  G  K  Q  S  Z  C  Z  E  N  I  A  K  Ł
S  O  U  M  E  D  O  H  K  O  J  Z  A  R
J  M  T  U  I  D  M  U  O  G  D  O  W  T
K  A  Y  E  P  V  J  V  Ł  O  M  K  B  X
Z  D  S  C  K  Z  C  W  N  Ć  P  H  Y  Ł
D  O  J  Z  Z  U  M  V  I  Ś  V  J  W  C
T  W  S  S  C  S  W  V  E  O  T  N  Q  H
D  Z  R  Y  D  Z  Ł  S  R  N  E  R  P  O
H  K  X  M  U  A  U  Y  Z  W  P  K  F  M
Ł  A  P  Y  K  S  D  R  C  Y  D  T  W  I
W  W  G  E  O  O  M  U  K  Ż  Ó  Ł  W  K
F  O  I  V  T  P  F  Z  T  A  R  Y  B  A
W  R  M  O  Y  V  P  A  G  U  P  A  P  C
L  K  R  Ó  L  I  K  P  V  L  W  Q  J  G
```

WODA	KOT
KOZA	CHOMIK
SZCZENIAK	JASZCZURKA
OGON	PAPUGA
KOŁNIERZ	ŁAPY
ŻYWNOŚĆ	PIES
KRÓLIK	RYBA
SMYCZ	MYSZ
PAZURY	ŻÓŁW
KOTEK	KROWA

58 - Formas

```
O P K A G B B E Ł A H C N B
X I W H L D Ł R U B B O A H
X R A W Y Z R K K N O P R K
T A D L N K Q E N K K R O O
G M R O U A P Ż N R C O Ż Ł
I I A Y M K J O H A P S N O
T D T U T T T I W R T I K
N A I C Ś E Z S P Ę Y O K H
W I E L O K Ą T E D Z K N Ł
Ł N N Q A C W J R Z M Ą C N
J I L Y J W A H B I A T G J
F L W Z G P O Y O E T R T O
Q X W R E D N I L Y C L E X
T R Ó J K Ą T H A S P I L E
```

ŁUK

KRAWĘDZIE

CYLINDER

KOŁO

STOŻEK

KWADRAT

SZEŚCIAN

KRZYWA

ELIPSA

KULA

NAROŻNIK

HIPERBOLA

BOK

LINIA

OWAL

PIRAMIDA

WIELOKĄT

PRYZMAT

PROSTOKĄT

TRÓJKĄT

59 - Flores

```
S  Ł  O  N  E  C  Z  N  I  K  K  P  T  F
T  S  U  K  S  I  B  I  H  O  O  A  U  N
E  M  A  K  B  Y  Q  M  X  Ł  N  S  L  P
Z  C  I  K  L  F  J  Ś  F  M  I  S  I  L
A  E  L  P  T  I  Y  A  V  D  C  I  P  U
I  H  I  Z  Ł  O  L  J  Q  P  Z  O  A  M
L  B  L  C  X  A  R  I  Ł  E  Y  N  N  E
O  M  C  D  Ł  N  T  K  O  O  N  F  N  R
N  R  Ó  Ż  A  S  Q  E  O  W  A  L  Ż  I
G  A  R  D  E  N  I  A  K  T  Y  O  O  A
A  E  D  I  H  C  R  O  Y  Q  S  W  N  Q
M  P  I  W  O  N  I  A  O  Y  B  E  K  I
V  T  Z  X  L  A  W  E  N  D  A  R  I  H
H  A  I  B  U  K  I  E  T  K  Y  H  L  Y
```

MAK	ŻONKIL
GARDENIA	ORCHIDEA
SŁONECZNIK	PASSIONFLOWER
HIBISKUS	PIWONIA
JAŚMIN	PŁATEK
LAWENDA	PLUMERIA
LILIOWY	BUKIET
LILIA	RÓŻA
MAGNOLIA	KONICZYNA
STOKROTKA	TULIPAN

60 - Astronomía

```
K R A K A K Y T K A L A G A
O Ó S S S S O E X Ł S I Q S
S W T I T A U W O Ł V M K T
M N E Ę R K G P B J Q E Q R
O O R Ż O G O C E D W I Z O
S N O Y N R Ł H I R Y Z X N
O O I C A R L I N U N P F O
L C D T U M E T E O R O I M
M S A J T W X E O S N K W E
O A X W A T I L E T A S D A
K O N S T E L A C J A E P B
R A K I E T A T E N A L P J
G R A W I T A C J A T E N H
U M Z A Ć M I E N I E T Q V
```

ASTEROIDA
ASTRONAUTA
ASTRONOM
NIEBO
RAKIETA
KONSTELACJA
KOSMOS
ZAĆMIENIE
RÓWNONOC

GALAKTYKA
GRAWITACJA
KSIĘŻYC
METEOR
PLANETA
SATELITA
SUPERNOWA
TELESKOP
ZIEMIA

61 - Tiempo

R	A	N	O	L	I	N	D	B	W	P	T	E	G
B	A	S	T	U	L	E	C	I	E	R	O	R	C
Y	V	G	F	R	N	Y	Ń	E	I	Z	D	Y	T
N	O	C	E	N	Z	C	O	R	M	Y	B	P	N
G	C	K	Ł	Z	D	E	Z	R	P	S	H	O	E
D	L	J	H	Ł	Z	I	L	S	M	Z	G	Ł	M
I	Z	G	C	Ą	I	S	E	I	M	Ł	R	U	O
G	G	I	Q	Ł	S	S	D	Ł	M	O	O	D	M
T	J	O	E	H	I	Z	S	G	C	Ś	K	N	T
P	P	L	D	Ń	A	B	T	Q	F	Ć	Q	I	G
B	S	O	T	Z	J	A	R	O	Z	C	W	E	I
T	E	R	A	Z	I	V	I	D	E	K	A	D	A
M	I	N	U	T	A	N	N	Q	M	Z	E	R	H
Y	O	A	B	O	Z	R	A	D	N	E	L	A	K

TERAZ
PRZED
ROCZNE
ROK
WCZORAJ
KALENDARZ
DEKADA
DZIEŃ
PRZYSZŁOŚĆ
GODZINA

DZISIAJ
RANO
POŁUDNIE
MIESIĄC
MINUTA
MOMENT
NOC
ZEGAR
TYDZIEŃ
STULECIE

62 - Paisajes

```
F O X D A P S O D O W V M N
Ł E I T K K L Y F C R O D W
M Ł R E C L S A P S Y W Q J
I E Z R O M U O Ż C G U J U
W C E I W O D O L A R Ó G B
O G K P U S T Y N I A Ł L R
O A A I A W O D O L A R Ó G
O B Z P F M Y N R O B L B E
F M C A U Z A T O K A A A U
G E J Z E R N M I C M G G I
J A S K I N I A Z T F U N A
W U L K A N L F E S H N O Z
J F F J G J O J J N N A G Ł
I C M C V U D T U N D R A A
```

WODOSPAD

JASKINIA

PUSTYNIA

GEJZER

LODOWIEC

ZATOKA

GÓRA LODOWA

WYSPA

JEZIORO

LAGUNA

MORZE

GÓRA

OAZA

BAGNO

PLAŻA

RZEKA

TUNDRA

DOLINA

WULKAN

63 - Días y Meses

```
L  I  S  T  O  P  A  D  E  B  X  N  T  C
J  Ł  A  M  U  K  D  Q  M  M  V  F  Y  Z
P  O  N  I  E  D  Z  I  A  Ł  E  K  D  E
C  L  U  T  Y  Ń  W  Ń  L  N  Ł  Y  Z  R
W  Z  X  F  U  E  T  E  E  I  M  Ń  I  W
R  G  W  Z  H  Z  O  I  I  X  P  E  E  I
Z  Y  H  A  B  C  R  C  Z  H  G  I  Ń  E
E  Ś  H  T  R  Y  E  E  D  M  W  P  E  C
S  R  H  O  W  T  K  I  E  K  N  R  W  C
I  O  Z  B  E  S  E  W  I  E  T  E  O  J
E  D  F  O  T  H  J  K  N  T  J  I  Y  K
Ń  A  M  S  M  I  E  S  I  Ą  C  S  H  K
P  A  Ź  D  Z  I  E  R  N  I  K  N  N  O
K  A  L  E  N  D  A  R  Z  P  T  E  C  L
```

KWIECIEŃ	PONIEDZIAŁEK
SIERPIEŃ	WTOREK
ROK	MIESIĄC
KALENDARZ	ŚRODA
NIEDZIELA	LISTOPAD
STYCZEŃ	PAŹDZIERNIK
LUTY	SOBOTA
CZWARTEK	TYDZIEŃ
LIPIEC	WRZESIEŃ
CZERWIEC	PIĄTEK

64 - Jardinería

```
K  Y  K  F  D  O  J  V  N  Ż  I  K  D  A
W  N  O  G  P  K  A  H  D  Ą  B  V  C  N
I  Z  M  L  I  E  D  K  Z  W  O  D  A  O
A  C  P  E  L  N  A  E  B  I  Z  Q  A  I
T  I  O  B  Ł  U  L  R  K  R  A  E  W  S
O  N  S  A  Ł  T  N  W  L  H  U  E  Y  A
W  A  T  H  W  A  Y  D  I  Q  J  D  F  N
Y  T  W  I  L  G  O  Ć  M  L  I  Ś  C  I
P  O  J  E  M  N  I  K  A  Z  F  V  T  I
H  B  P  Y  N  Z  C  Y  T  O  Z  G  E  A
K  W  I  T  N  Ą  Ć  L  I  Ś  Ć  L  I  F
B  U  R  L  S  E  Z  O  N  O  W  Y  K  D
T  D  A  Q  F  B  F  J  G  A  E  T  U  G
E  X  K  C  Ł  P  L  A  C  A  V  A  B  B
```

WODA	KWIATOWY
BOTANICZNY	LIŚCI
KLIMAT	LIŚĆ
JADALNY	SAD
KOMPOST	WILGOĆ
POJEMNIK	WĄŻ
GATUNEK	BUKIET
SEZONOWY	NASIONA
EGZOTYCZNY	BRUD
KWITNĄĆ	GLEBA

65 - Barbacoas

```
O L N P Z K Z W M L W M P G
D W A I F O Q H R A L U R O
Z A O S H K D X E T U Z Z R
I X L C L W D J S O S Y Y Ą
E L T N R L A T J Y K K J C
C X U P O M I D O R Y A A Y
I K B K Y Z B R G D R Z C E
A P D A N Ł O O G U G Ł I Ł
R O D Z I N A S E L U B E C
K I Ó C O E J V Ó R G R L F
K W Ł R D A N O E L N Z E T
V G G U S A Ł A T K I E Ż Y
T Z N K P I E P R Z J X O G
W A R Z Y W A V U G B E N L
```

PRZYJACIELE
GORĄCY
CEBULE
OBIAD
NOŻE
SAŁATKI
RODZINA
OWOC
GŁÓD
GRY

MUZYKA
DZIECI
GRILL
PIEPRZ
KURCZAK
SÓL
SOS
POMIDORY
LATO
WARZYWA

66 - Ropa

```
N  K  S  R  Ę  K  A  W  I  C  Z  K  I  B
J  I  D  A  K  N  E  I  K  U  S  J  G  I
S  N  O  Q  N  P  A  S  W  B  D  T  G  Ż
Ł  J  L  N  Y  D  A  A  M  A  I  S  G  U
K  Y  K  S  N  V  A  M  A  Ż  I  P  F  T
J  Z  Z  K  P  G  O  Ł  S  B  Z  Y  K  E
F  S  D  B  K  O  O  P  Y  S  C  I  I  R
S  A  A  U  K  O  D  D  V  O  B  B  L  I
U  N  R  T  A  C  I  N  D  Ó  P  S  A  A
A  A  K  T  R  U  K  K  I  B  L  U  Z  A
S  S  A  K  U  M  O  D  A  E  O  I  S  U
W  Y  A  Ł  T  C  K  O  S  Z  U  L  A  G
S  W  E  T  E  R  H  P  Ł  A  S  Z  C  Z
K  A  P  E  L  U  S  Z  L  V  I  H  I  B
```

PŁASZCZ
BLUZA
SZALIK
KOSZULA
KURTKA
PAS
NASZYJNIK
FARTUCH
SPÓDNICA
RĘKAWICZKI

BIŻUTERIA
MODA
SPODNIE
PIŻAMA
SANDAŁY
KAPELUSZ
SWETER
SUKIENKA
BUT

67 - Meditación

```
O N O E M K F J U P B N Ż P
D Y A B P O R O M O Y D Y E
D N H T S E F G Y K K B C R
E Z E Z U E M Q S Ó Ł M Z S
C C B W S R R O Ł J A U L P
H I D C N U A W C N E Z I E
O H S P O K Ó J A J Ł Y W K
W C Ł L P S B J R C E K O T
Y Y P O S T A W A Q J A Ś Y
W S P Ó Ł C Z U C I E A Ć W
C P F A I H C M X L H G A A
W D Z I Ę C Z N O Ś Ć A E W
C I S Z A U O N K Y Ł W W Y
N U B U Ł R R K X M R U F T
```

UWAGA	MUZYKA
ŻYCZLIWOŚĆ	NATURA
SPOKÓJ	OBSERWACJA
WSPÓŁCZUCIE	POKÓJ
EMOCJE	MYŚLI
WDZIĘCZNOŚĆ	PERSPEKTYWA
PSYCHICZNY	POSTAWA
UMYSŁ	ODDECHOWY
RUCH	CISZA

68 - Café

```
A U R N A Ć Y C Z I L B K A
Q G X A N I E F O K Ł N Ł R
P E P P Q L R Y N R A Z C O
P O Ł Ó K E X X A T H Z N M
U K C J C I K Z R O G I U A
T E K H W M Q H C I E C Z T
G L C R O O J T K X Q Q K N
S M A K E D D D O S W C W W
M J Q B T M Z A N Ł U Q A N
Z X X H F Y R E I K U C Ś K
P I E C Z O N Y N N P B N J
R O L C O M R T L I F B Y Q
O D M I A N A E N M E B A A
L J C E N A K N A Ż I L I F
```

WODA	MLEKO
GORZKI	CIECZ
AROMAT	RANO
PIECZONY	MIELIĆ
CUKIER	CZARNY
KWAŚNY	POCHODZENIE
NAPÓJ	CENA
KOFEINA	SMAK
KREM	FILIŻANKA
FILTR	ODMIANA

69 - Libros

```
K P K E N C H M Q O X G G O
O I O D O Z C I P O E Z J A
N S L Y L Y M Z S R E I W Z
T E E E F T Z J J T W D W F
E M K Ć Ś E I W O P O X R R
K N C I W L L V K V T R Z O
S Y J Ł D N A I R E S A I T
T B A Ł J I U B O I F O L A
F S C Y S K D D Z A Y C W R
Y N Z C Y T S Y R O M U H R
Y Y P G M Ł R O T U A O C A
Ł Y N Z C Y R O T S I H O N
M L E Y Z K L E N T O T S I
L I T E R A C K I A V Ł S R
```

AUTOR
KOLEKCJA
KONTEKST
DUALIZM
PISEMNY
HISTORIA
HISTORYCZNY
HUMORYSTYCZNY
CZYTELNIK

LITERACKI
NARRATOR
POWIEŚĆ
STRONA
ISTOTNE
WIERSZ
POEZJA
SERIA

70 - Los Medios de Comunicación

```
L  P  V  D  S  L  J  E  Y  X  I  O  W  O
Z  O  R  M  K  P  S  N  W  T  N  D  G  X
C  G  K  Z  R  A  D  I  O  S  T  Z  D  F
K  O  O  A  E  A  Q  L  R  Ć  E  I  S  A
O  Ł  P  I  L  M  G  N  F  P  L  E  N  K
M  G  I  C  Z  N  Y  O  Y  R  E  I  N  T
E  A  N  Ę  O  M  Y  S  C  N  K  N  K  Y
R  Z  I  J  G  U  U  M  Ł  I  T  A  P  W
C  E  A  D  D  A  J  C  A  K  U  D  E  A
Y  T  D  Z  A  N  X  A  P  E  A  Y  I  T
J  Y  W  T  I  X  D  K  I  V  L  W  H  S
N  E  I  N  A  W  O  S  N  A  N  I  F  O
E  P  U  B  L  I  C  Z  N  Y  Y  Y  F  L  P
C  Z  A  S  O  P  I  S  M  A  Z  V  F  Z
```

POSTAWY	PRZEMYSŁ
KOMERCYJNE	INTELEKTUALNY
CYFROWY	LOKALNY
WYDANIE	OPINIA
EDUKACJA	GAZETY
ONLINE	PUBLICZNY
FINANSOWANIE	RADIO
ZDJĘCIA	SIEĆ
FAKTY	CZASOPISMA

71 - Nutrición

```
B G H S V C K U J D R G N H
I I K T Y T E P A T I V D O
A H I K Z F J Y K O R E H G
Ł L Y M J P D B O K L Z T I
K H M C N X T W Ś S D D K A
A J Y H G V C E Ć Y Z R A W
T R A W I E N I E N D O L G
I R K S K K J I D A R W O Ł
Z A I Ł Z S Y A H U O I R E
S M A K R I J W D L W E I W
Q K F E O P Ł S A A Y F E A
F J D V G L L O D N L N X G
Z B O Ż A X L S J C B N E A
E W Ę G L O W O D A N Y Y L
```

GORZKI	NAWYKI
APETYT	WAGA
JAKOŚĆ	BIAŁKA
KALORIE	SMAK
WĘGLOWODANY	SOS
ZBOŻA	ZDROWIE
JADALNY	ZDROWY
DIETA	TOKSYNA
TRAWIENIE	

72 - Edificios

```
L E T S O H G S A K P S B U
E A J Q T Y A T M A S Z E W
T G B F E E R O B B Z K D Q
O U F O K W A D A I P O U Y
H A V S R O Ż O S N I Ł P Z
U U W T A A A Ł A A T A X K
M N O A M X T A D U A I M Ł
Z G J D R J Ł O A B L O S H
A C S I E G V B R Z A M E K
T O I O P G D O N I K W D I
N E S N U W I E Ż A U P K Z
S Z A I S M U Z E U M M Ł Y
P G B T N E M A T R A P A N
N A I Y R F A B R Y K A H Ł
```

HOSTEL
APARTAMENT
KABINA
ZAMEK
KINO
AMBASADA
SZKOŁA
STADION
FABRYKA

GARAŻ
STODOŁA
SZPITAL
HOTEL
LABORATORIUM
MUZEUM
SUPERMARKET
TEATR
WIEŻA

73 - Océano

```
U  R  Y  B  A  F  A  R  O  Ł  Ó  D  Ź  N
V  I  J  P  G  K  O  P  C  Q  E  R  X  Z
Q  N  M  E  D  U  Z  A  V  R  X  Ł  H  Z
Z  E  E  B  Y  R  O  L  E  I  W  S  Ó  L
R  D  D  A  Z  R  U  B  P  D  J  U  C  K
O  S  T  R  Y  G  A  E  V  Ł  Q  Q  E  R
G  Y  E  K  I  N  I  K  E  R  Y  Ł  V  E
Ę  N  I  Y  I  I  O  B  Q  G  V  W  C  W
W  E  M  Z  F  F  P  L  A  R  O  K  Y  E
Ł  F  A  C  P  L  X  B  G  C  M  P  O  T
Ó  P  W  Ń  V  E  R  M  T  D  B  L  Q  K
Ż  Q  M  U  X  D  Q  Y  V  W  G  S  D  A
C  C  E  T  O  Ś  M  I  O  R  N  I  C  A
G  Ą  B  K  A  Y  X  Ł  H  G  M  X  F  Y
```

GLONY
WĘGORZ
RAFA
TUŃCZYK
WIELORYB
ŁÓDŹ
KREWETKA
KRAB
KORAL
DELFIN

GĄBKA
PŁYWY
MEDUZA
OSTRYGA
RYBA
OŚMIORNICA
SÓL
REKIN
BURZA
ŻÓŁW

74 - Ciudad

```
K Q N T E K R A M R E P U S
A W O A P T E K A U H F B U
K A I F W H E J R Y Z S L U
C K D A Ł O K Z S W V E Q M
K E A R C T S T K V R Ł U I
I T T I Y I Ł N L E T O H M
N O S Z K N A B E C A O A C
O I H R K J E R P I E Z H U
K L I N I K A K Z V T H G D
K B L O T N I S K O E N L E
E I K S I Ę G A R N I A P X
R B C C N L G A L E R I A U
P I E K A R N I A T L U C R
U N I W E R S Y T E T K E M
```

LOTNISKO	HOTEL
BANK	KSIĘGARNIA
BIBLIOTEKA	RYNEK
KINO	MUZEUM
KLINIKA	PIEKARNIA
SZKOŁA	SUPERMARKET
STADION	TEATR
APTEKA	SKLEP
KWIACIARZ	UNIWERSYTET
GALERIA	ZOO

75 - Deporte

```
Ć  Ś  O  N  L  O  D  Z  K  P  S  W  M  K
M  A  O  D  D  I  Q  R  O  R  P  Y  E  O
A  I  N  B  D  I  D  C  Ś  O  O  O  T  L
T  Q  Ę  N  R  Y  E  Ł  C  G  R  L  A  A
L  L  F  Ś  E  Y  C  T  I  R  T  B  B  R
E  T  A  Y  N  L  I  H  A  A  Y  R  O  S
T  K  D  Ł  E  I  D  T  A  M  T  Z  L  T
A  U  L  O  R  U  E  P  Ł  Ć  A  Y  I  W
L  H  M  J  T  S  O  S  I  N  N  M  C  O
P  Ł  Y  W  A  Ć  Ł  O  S  F  I  I  Z  P
O  D  Ż  Y  W  I  A  N  I  E  E  A  N  Ł
Ł  G  R  F  H  H  I  F  F  Q  C  Ć  E  M
I  K  V  M  I  I  C  Z  D  R  O  W  I  E
R  O  Z  C  I  Ą  G  A  N  I  E  Z  K  H
```

ATLETA
TANIEC
ZDOLNOŚĆ
KOLARSTWO
CIAŁO
SPORTY
DIETA
TRENER
ROZCIĄGANIE
SIŁA

KOŚCI
WYOLBRZYMIAĆ
METABOLICZNE
MIĘŚNIE
PŁYWAĆ
ODŻYWIANIE
PROGRAM
ODDYCHAĆ
ZDROWIE

76 - Actividades y Ocio

```
B M S T S I A T K Ó W K A E
O A A Z E M U H G G N S U D
K L T H T N P Ł Y W A N I E
S A K J R U I G I C Ś Y W D
Q R P G I E K S C A W M S P
N S A N Ż O N A K Ł I P P W
L T K O S Z Y K Ó W K A O Ę
O W T S R A K D Ę W Ł Q D D
G O W T C I N D O R G O R R
G O H G S G Z A K U P Y Ó Ó
N D L L A B E S A B B V Ż W
G N I F R U S G N I P M E K
N U R K O W A N I E U P B I
O D P R Ę Ż A J Ą C Y H I Z
```

SZTUKA	OGRODNICTWO
KOSZYKÓWKA	PŁYWANIE
BASEBALL	WĘDKARSTWO
BOKS	MALARSTWO
NURKOWANIE	ODPRĘŻAJĄCY
KEMPING	WĘDRÓWKI
WYŚCIGI	SURFING
ZAKUPY	TENIS
PIŁKA NOŻNA	PODRÓŻ
GOLF	SIATKÓWKA

77 - Ingeniería

```
E N E R G I A Q S O Ł A S M
G Ć C R Z F F K T J J R X Ł
D Ł Ś O Ś K F G R A I M O P
P E Ę O K Ą T W U H A K N O
I C J B N Q D N K I N L I S
U I D P O L F Y T L Y T D U
T M C L O K I Q U A Z P Ź K
F A A H Q H O B R G S X W D
C R R S I Ł A Ś A E A N I I
A G L C G S V X Ć T M K G E
T A I P I C I E C Z S X N S
U I L T Ń E Z C I L B O I E
T D J B U D O W A W F P E L
N A P Ę D R Ś R E D N I C A
```

KĄT
OBLICZEŃ
BUDOWA
DIAGRAM
ŚREDNICA
DIESEL
OŚ
ENERGIA
STABILNOŚĆ
STRUKTURA

TARCIE
SIŁA
CIECZ
MASZYNA
POMIAR
SILNIK
DŹWIGNIE
GŁĘBOKOŚĆ
NAPĘD

78 - Comida #1

```
Q C C E L A L R T S G R K G
O O Y O Z I Ó N B E D Ł I J
J V Z T T O S Z X A J A L X
Y D G J R Ł O Ś Ę I M A A M
M L E K O Y K E N V G P K Y
D C Q O U A N J C F B E W M
T U Ń C Z Y K A I L Y Z A B
C E Ł G D O M T P T Ł R K G
S Z P I N A K I A P U Z S R
S Ł C U K I E R Ę Ł I E U U
C E B U L A M Z H T A J R S
C Z O S N E K Ł T F A S T Z
J Ę C Z M I E Ń F Q M O D K
I E U Ł O C Y N A M O N M A
```

CZOSNEK	TRUSKAWKA
BAZYLIA	SOK
TUŃCZYK	MLEKO
CUKIER	CYTRYNA
CYNAMON	MIĘTA
MIĘSO	RZEPA
JĘCZMIEŃ	GRUSZKA
CEBULA	SÓL
SAŁATKA	ZUPA
SZPINAK	

79 - Antigüedades

```
D  N  Q  I  Q  X  B  J  V  A  G  J  N  E
I  E  A  A  F  N  Y  A  Q  I  B  U  I  L
S  E  K  L  I  L  C  K  J  R  J  F  E  E
G  E  U  O  M  W  Y  O  I  E  Ł  D  Z  G
M  W  T  K  R  E  Ć  Ś  O  T  R  A  W  A
O  G  Z  M  G  A  B  Ć  D  U  K  B  Y  N
N  M  S  Q  Q  J  C  L  H  Ż  R  Ź  K  C
E  C  O  T  K  C  Q  Y  E  I  R  E  Ł  K
T  K  E  Y  J  K  Y  D  J  B  H  Z  Y  I
Y  Z  M  N  N  U  Z  A  A  N  N  R  W  S
S  T  A  N  A  A  F  K  L  L  Y  T  S  T
V  A  J  C  Y  T  S  E  W  N  I  V  F  A
G  A  L  E  R  I  A  D  S  M  P  K  K  R
A  U  T  E  N  T  Y  C  Z  N  Y  R  Z  Y
```

SZTUKA	NIEZWYKŁY
AUTENTYCZNY	INWESTYCJA
JAKOŚĆ	BIŻUTERIA
STAN	MONETY
DEKORACYJNY	MEBLE
DEKADY	CENA
ELEGANCKI	AUKCJA
RZEŹBA	WARTOŚĆ
STYL	STARY
GALERIA	

80 - Literatura

```
S  N  A  R  R  A  T  O  R  I  E  N  T  L
P  U  V  Ł  B  P  Y  N  V  K  S  A  S  A
F  I  F  O  C  P  L  A  J  C  K  I  F  N
A  N  A  L  I  Z  A  Z  R  Y  Y  D  E  Ł
T  Y  A  V  T  Z  J  L  Y  T  S  E  U  T
H  K  B  I  Y  D  H  U  T  E  I  G  R  V
M  E  T  A  F  O  R  A  M  O  P  A  A  T
Y  S  A  S  P  A  T  H  B  P  O  R  T  Q
R  O  M  U  D  O  R  O  T  U  A  T  O  A
G  I  E  I  Q  D  W  G  O  L  A  I  D  M
Ł  N  T  U  P  F  R  I  O  Z  G  Z  G  L
A  W  W  I  E  R  S  Z  E  I  F  V  E  K
A  N  A  L  O  G  I  A  I  Ś  B  M  N  H
P  O  R  Ó  W  N  A  N  I  E  Ć  C  A  B
```

ANALOGIA
ANALIZA
ANEGDOTA
AUTOR
BIOGRAFIA
PORÓWNANIE
WNIOSEK
OPIS
DIALOG
STYL

FIKCJA
METAFORA
NARRATOR
POWIEŚĆ
WIERSZ
POETYCKI
RYM
RYTM
TEMAT
TRAGEDIA

81 - Química

```
J A N W C P R S N K P Y J D
O Z A I D I T Ó A F C N L A
N K F L W M E L M E N Z Y M
C H L O R E A C M W O C W C
D F F J I T J X Z Ę R I O Z
W J T A N A C M Q G T L R Ą
W O K F C L K R R I K A D S
A N D S O E A K G E E K Ą T
G F K Ó T L E N W L L L J E
A H O T R W R T Y A E A K C
C I E P Ł O D D Z G S Ł L Z
C S V X A O G Q M A B Q Ł K
M T U O V I I X L Z C Z T A
K A T A L I Z A T O R G O O
```

ALKALICZNY
KWAS
CIEPŁO
WĘGIEL
KATALIZATOR
CHLOR
ELEKTRON
ENZYM
GAZ
WODÓR

JON
CIECZ
METALE
CZĄSTECZKA
JĄDROWY
TLEN
WAGA
REAKCJA
SÓL

82 - Gobierno

```
L  H  Ł  P  S  C  N  P  I  P  R  D  O  K
I  I  Y  M  T  Y  A  O  R  O  Ó  Y  B  O
A  F  D  Y  A  W  R  L  R  M  W  S  Y  N
J  S  O  E  N  I  Ó  I  U  N  N  K  W  S
P  C  A  Ł  R  L  D  T  Ł  I  O  U  A  T
E  X  Q  J  E  N  U  Y  X  K  Ś  S  T  Y
E  S  M  L  W  Y  K  K  B  E  Ć  J  E  T
W  O  L  N  O  Ś  Ć  A  G  O  D  A  L  U
P  C  B  L  J  S  Ą  D  O  W  Y  W  S  C
V  Ł  Ł  G  A  S  M  J  X  P  M  O  T  J
P  A  S  W  R  O  P  L  C  N  R  M  W  A
D  E  M  O  K  R  A  C  J  A  K  A  O  U
N  I  E  Z  A  L  E  Ż  N  O  Ś  Ć  W  Z
P  R  A  W  O  V  U  S  Y  M  B  O  L  A
```

OBYWATELSTWO
CYWILNY
KONSTYTUCJA
DEMOKRACJA
PRAWA
MOWA
DYSKUSJA
STAN
RÓWNOŚĆ
NIEZALEŻNOŚĆ

SĄDOWY
PRAWO
WOLNOŚĆ
LIDER
POMNIK
KRAJOWE
NARÓD
POLITYKA
SYMBOL

83 - Creatividad

```
U D R A M A T Y C Z N Y P I
A M W Y P O J R H A D Ł R N
G U I Ł S Ł K S A R D S Z T
U U T E Ł S Y H A B D Y E E
E C P E J Z R N K O D M J N
I Z C J N Ę H J N C E O R S
N U V Z N T T N C O H P Z Y
E C H I F F Y N Z Y Ś Ł Y W
Ż I P W O E J C O M E Ć S N
A E K G W E A H Z Ś Z E T O
R I A Ł Ł T Ł X F N Ć D O Ś
W Y N A L A Z C Z Y O D Ś Ć
A R T Y S T Y C Z N Y Ś Ć A
X F T I N T U I C J A Z Ć K
```

ARTYSTYCZNY
AUTENTYCZNOŚĆ
PRZEJRZYSTOŚĆ
DRAMATYCZNY
EMOCJE
PŁYNNOŚĆ
UMIEJĘTNOŚĆ
POMYSŁY

OBRAZ
WRAŻENIE
INTENSYWNOŚĆ
INTUICJA
WYNALAZCZY
UCZUCIE
WIZJE

84 - Filantropía

```
S  D  T  F  U  N  D  U  S  Z  E  H  N  Ć
F  P  Z  H  I  P  Y  W  O  T  A  I  W  Ś
I  A  O  I  Q  Q  Z  E  R  Z  F  S  F  O
N  I  Ż  Ł  E  Z  G  A  H  G  Z  T  P  N
A  J  E  L  E  C  E  V  C  R  I  O  D  Z
N  H  I  B  X  C  I  Q  K  U  R  R  P  C
S  T  Z  K  Ł  Ł  Z  B  C  P  X  I  O  Ą
E  S  D  D  O  V  D  N  U  Y  E  A  T  Ł
Ć  Ś  O  K  Z  D  U  L  O  J  F  D  R  B
M  V  Ł  W  C  U  L  R  E  Ś  B  N  Z  O
D  I  M  M  E  Ł  V  A  Z  V  Ć  G  E  C
Y  X  S  H  O  J  N  O  Ś  Ć  E  X  B  L
N  Z  Ł  J  Q  L  Ł  L  L  H  D  X  A  O
F  H  Y  M  A  R  G  O  R  P  Z  V  G  Q
```

SPOŁECZNOŚĆ	HISTORIA
ŁĄCZNOŚĆ	LUDZKOŚĆ
FINANSE	MŁODZIEŻ
FUNDUSZE	CELE
HOJNOŚĆ	MISJA
LUDZIE	POTRZEBA
ŚWIATOWY	DZIECI
GRUPY	PROGRAMY

85 - Clima

```
B T R O P I K A L N Y P V T
Q U Ł F L O X Z K U H I V O
Y N R A L O P S L S C O T R
W O H Z F B S U I N U R E N
M G Ł A A C T S M O S U M A
H T O M Z R G R A M M N P D
U F M P Y K U H T R I I E O
Ł S J U R Q B M B G B Z R W
C R V O B E I N H S P C A I
A T M O S F E R A C O N T A
H U R A G A N O M P W F U T
Y K Q J Y U I T C D Ó L R R
F D Y Ł F F I M D X D D A F
Z J U Z J U N Q Ł D Ź P I O
```

ATMOSFERA
BRYZA
NIEBO
KLIMAT
LÓD
HURAGAN
POWÓDŹ
MONSUN
MGŁA
CHMURA

POLARNY
PIORUN
SUCHY
SUSZA
TEMPERATURA
BURZA
TORNADO
TROPIKALNY
GRZMOT
WIATR

86 - Comida #2

```
M  J  S  S  N  Z  K  Y  T  F  M  Y  P  P
Y  A  Ł  M  I  G  D  A  Ł  W  V  N  I  O
W  J  O  K  Ł  B  A  J  Q  B  V  F  M  M
I  K  N  A  N  A  B  Y  F  N  Ł  Z  B  I
Ś  O  E  A  B  Ł  U  B  E  L  H  C  I  D
N  A  C  Q  Ż  V  V  R  F  U  C  X  R  O
I  C  Z  H  Y  A  N  V  I  Y  O  H  T  R
A  I  N  J  R  I  Ł  G  Ł  M  Z  B  X  D
J  N  I  G  C  A  S  K  A  Z  C  R  U  K
O  E  K  K  I  W  I  X  A  K  R  A  P  Ł
G  Z  K  Ł  Q  Y  J  P  A  B  A  T  X  B
U  S  E  R  E  L  E  S  L  D  K  X  T  O
R  P  C  Z  E  K  O  L  A  D  A  Z  Z  V
T  Ł  Y  W  I  N  O  G  R  O  N  O  Q  K
```

KARCZOCH
MIGDAŁ
SELER
RYŻ
BAKŁAŻAN
WIŚNIA
CZEKOLADA
SŁONECZNIK
JAJKO
IMBIR

KIWI
JABŁKO
CHLEB
BANAN
KURCZAK
SER
POMIDOR
PSZENICA
WINOGRONO
JOGURT

87 - Arte

```
S  C  V  V  N  Z  G  Ł  P  A  V  W  J  W
U  F  E  U  E  O  G  Ł  O  X  E  F  A  B
R  O  A  R  C  Y  S  K  E  L  P  M  O  K
R  S  B  R  A  Z  S  L  Z  F  T  K  W  O
E  Y  Ź  R  Ł  M  C  K  J  A  E  O  Y  S
A  M  E  N  A  O  I  I  A  Z  M  M  R  O
L  B  Z  A  N  Z  L  C  W  U  A  P  A  B
I  O  R  S  I  R  Y  L  Z  Y  T  O  Ż  I
Z  L  Y  T  G  Ó  T  Ł  L  N  L  Z  E  S
M  Z  Z  R  Y  W  S  M  W  Z  Y  Y  N  T
H  W  M  Ó  R  T  O  F  J  Q  T  C  I  Y
P  H  K  J  O  S  R  L  R  E  K  J  E  P
W  F  W  F  V  Y  P  S  Y  Q  W  A  Y  I
Z  A  I  N  S  P  I  R  O  W  A  N  Y  O
```

CERAMICZNY
KOMPLEKS
KOMPOZYCJA
STWÓRZ
RZEŹBA
WYRAŻENIE
UCZCIWY
NASTRÓJ
ZAINSPIROWANY

ORYGINAŁ
OSOBISTY
OBRAZY
POEZJA
PROSTY
SYMBOL
SURREALIZM
TEMAT

88 - Diplomacia

```
S  P  O  Ł  E  C  Z  N  O  Ś  Ć  F  R  K
I  W  O  R  D  W  M  X  Y  A  U  Ł  E  A
J  Y  S  S  Ł  D  F  L  N  M  C  U  Z  M
R  Ę  L  P  V  A  R  A  R  B  Z  U  O  P
F  P  Z  U  Ó  W  L  C  A  A  C  R  L  A
A  S  O  Y  Y  Ł  E  D  T  S  I  Y  U  N
K  M  K  C  K  A  P  A  I  A  W  D  C  I
Y  S  B  Y  K  I  E  R  N  D  O  Y  J  E
T  E  G  A  C  D  E  O  A  A  Ś  S  A  A
E  E  L  C  S  B  B  D  M  C  Ć  K  I  H
H  B  I  N  J  A  U  M  U  R  A  U  P  J
E  Q  V  N  G  B  D  K  H  Z  Z  S  L  F
Q  T  K  I  L  F  N  O  K  Ą  W  J  H  I
P  O  L  I  T  Y  K  A  R  D  O  A  F  I
```

DORADCA   ETYKA
KAMPANIE   RZĄD
SPOŁECZNOŚĆ   HUMANITARNY
KONFLIKT   JĘZYKI
WSPÓŁPRACA   UCZCIWOŚĆ
DYSKUSJA   POLITYKA
AMBASADA   REZOLUCJA
AMBASADOR

89 - Herboristería

```
N D Ó R G O V R T G F J A P
T Ł S O E S T R A G O N R I
S A H Ś K O P E R B Q P O E
Y N O L E I Z Ł A A N U M T
S T A I W K V Y J R A V A R
K K X N Y R A M Z O R L T U
U L Ł A I L Y Z A B F A Y S
L K C A M A W K Q W A W C Z
I C Z W D I Y M Z F Z E Z K
N J O R Z N Ę D X Q S N N A
A S S Ł G H I T M G C D Y D
R M N N Ć Ś O K A J T A J S
N A E K O P E R W Ł O S K I
Y K K M A J E R A N E K I D
```

CZOSNEK   SKŁADNIK
BAZYLIA   OGRÓD
AROMATYCZNY   LAWENDA
SZAFRAN   MAJERANEK
JAKOŚĆ   MIĘTA
KULINARNY   PIETRUSZKA
KOPER   ROŚLINA
ESTRAGON   ROZMARYN
KWIAT   SMAK
KOPER WŁOSKI   ZIELONY

90 - Energía

```
B  B  Q  T  P  H  B  S  Ł  O  Ń  C  E  J
A  E  D  W  I  L  L  A  N  U  J  W  N  Ą
Z  V  N  O  X  U  G  N  T  X  M  O  L  D
I  D  S  Z  H  B  Y  I  F  E  P  K  A  R
H  Ł  J  K  Y  E  F  B  K  D  R  S  I  O
Ł  M  H  T  D  N  M  R  E  O  D  I  W  W
S  F  N  I  Q  D  A  U  X  N  I  W  A  Y
Y  W  O  R  A  P  O  T  H  C  E  O  N  W
M  R  R  F  O  T  O  N  H  I  S  D  D  I
E  C  T  W  Ę  G  I  E  L  E  E  O  O  A
Z  R  K  S  I  L  N  I  K  P  L  R  P  T
R  L  E  K  K  V  N  U  P  Ł  I  Ś  Q  R
P  A  L  I  W  O  A  I  P  O  R  T  N  E
R  O  E  W  O  D  Ó  R  L  Y  N  R  X  J
```

BATERIA	PRZEMYSŁ
CIEPŁO	ŚRODOWISKO
WĘGIEL	SILNIK
PALIWO	JĄDROWY
DIESEL	ODNAWIALNE
ELEKTRON	SŁOŃCE
ENTROPIA	TURBINA
FOTON	PAROWY
BENZYNA	WIATR
WODÓR	

91 - Insectos

```
Y  E  G  C  T  Ń  E  Z  S  R  E  Z  S  C
S  R  Y  D  Y  E  L  X  A  W  M  Y  Z  H
H  A  S  O  P  K  R  L  Y  T  O  M  A  R
A  K  H  Ć  P  A  A  M  Q  F  D  U  R  Z
V  N  Y  M  C  B  K  D  I  Ł  L  O  A  Ą
M  O  E  A  H  O  Ż  O  A  T  I  B  Ń  S
L  R  A  K  Ł  R  A  M  O  K  S  Ł  C  Z
A  D  Ó  R  A  J  W  D  A  T  Z  L  Z  C
R  E  Ł  W  O  D  R  S  W  E  K  U  A  Z
W  I  C  S  K  F  R  K  G  W  A  Z  Ł  H
A  B  D  I  R  A  M  S  Z  Y  C  A  Z  I
K  K  A  R  A  L  U  C  H  F  R  B  D  P
N  W  S  L  K  O  N  I  K  P  O  L  N  Y
P  S  Z  C  Z  O  Ł  A  N  V  R  Q  O  L
```

PSZCZOŁA	LARWA
OSA	WAŻKA
SZERSZEŃ	MODLISZKA
MSZYCA	MOTYL
CYKADA	BIEDRONKA
KARALUCH	KOMAR
CHRZĄSZCZ	ĆMA
ROBAK	PCHŁA
MRÓWKA	KONIK POLNY
SZARAŃCZA	TERMIT

92 - Especias

```
A L P K O P E R W Ł O S K I
H N K A R D A M O N Q L W W
P A Y K W A Ś N Y Y V D S G
R R Y Ż O K C Y N A M O N A
J F V A C Z O S N E K S Ó L
K A W A N I L I A I C H A U
M Z T T A J C E R K U L F B
I S G I X R U R K D R E U E
N G Z O S V S S Q O R G M C
E F O U Ź S M A K Ł Y A Q V
K K V R U D R Y Z S M D E Z
H Ł Z I Z B Z P I E P R Z A
Y A Y W F K R I B M I P X B
Y U V R U V I A K Y R P A P
```

KWAŚNY

CZOSNEK

GORZKI

ANYŻ

SZAFRAN

CYNAMON

KARDAMON

CEBULA

GOŹDZIK

KMINEK

CURRY

SŁODKIE

KOPER WŁOSKI

IMBIR

PAPRYKA

PIEPRZ

LUKRECJA

SMAK

SÓL

WANILIA

93 - Universo

```
S A U X Q F T P R X F D P M
Ł S V K T S U E Ó Ó T U O X
O T X G C L T C L Ł W V J Ł
N E A I Y J N Y X E K N H V
E R T K Ż Q O N H M S U I Q
C O M S Ę Q Z Z I O K K L K
Z I O Ń I B Y C S N E H O A
N D S A S T R O N O M I A P
Y A F I K R O D A R S N O Z
H D E B B E H I B T O C R O
Y F R E W U S W N S O V B D
D W A I N I E B O A Z J I I
L E I N E L I S E Z R P T A
K O S M I C Z N Y P G L A K
```

ASTEROIDA
ASTRONOMIA
ASTRONOM
ATMOSFERA
NIEBIAŃSKI
NIEBO
KOSMICZNY
RÓWNIK
EON

PÓŁKULA
HORYZONT
KSIĘŻYC
ORBITA
SŁONECZNY
PRZESILENIE
TELESKOP
WIDOCZNY
ZODIAK

94 - Jazz

```
U  I  M  P  R  O  W  I  Z  A  C  J  A  O
L  Y  T  S  K  O  M  P  O  Z  Y  C  J  A
U  R  M  U  Z  Y  K  A  T  Y  Z  Y  B  G
B  A  O  R  K  I  E  S  T  R  A  Y  L  T
I  T  Y  K  O  M  P  O  Z  Y  T  O  R  N
O  S  N  N  A  C  I  S  K  R  Y  T  M  E
N  O  W  N  B  P  I  O  S  E  N  K  A  L
E  A  A  G  O  Ę  T  E  C  H  N  I  K  A
K  R  Ł  W  A  W  B  J  S  Q  Y  M  T  T
J  T  S  P  O  T  Y  K  O  N  C  E  R  T
S  Y  I  U  W  M  U  B  L  A  R  T  D  U
C  S  A  Y  T  M  L  N  B  N  N  D  S  N
H  T  F  Y  G  I  Z  V  E  M  S  L  V  I
H  A  E  Y  R  Q  M  A  A  K  G  Q  B  Ł
```

ARTYSTA	GATUNEK
ALBUM	IMPROWIZACJA
PIOSENKA	MUZYKA
KOMPOZYCJA	NOWY
KOMPOZYTOR	ORKIESTRA
KONCERT	RYTM
STYL	TALENT
NACISK	BĘBNY
SŁAWNY	TECHNIKA
ULUBIONE	STARY

95 - Mediciones

```
G  Ł  Ę  B  O  K  O  Ś  Ć  O  M  I  S  V
C  E  N  T  Y  M  E  T  R  R  A  H  T  C
K  I  L  O  G  R  A  M  M  F  S  B  O  P
L  X  X  F  D  T  I  N  N  E  A  N  P  Z
Y  Ł  H  G  X  Ł  W  H  Ł  L  T  S  I  R
K  J  L  I  T  R  U  Ł  Ć  C  G  R  E  E
Ł  A  G  R  A  M  V  G  Ś  X  V  U  Ń  Q
C  T  B  U  H  J  Ć  Ś  O  K  O  S  Y  W
W  U  E  C  A  L  R  H  K  Ś  X  B  L  R
A  N  N  B  C  W  D  Q  O  V  Ć  K  T  A
G  I  Q  C  Q  Z  U  E  R  Ł  U  I  N  K
A  M  I  X  J  N  R  T  E  M  O  L  I  K
K  B  L  F  X  A  F  Y  Z  U  S  S  Y  T
T  O  N  A  H  V  Y  Ł  S  B  A  J  T  I
```

WYSOKOŚĆ	DŁUGOŚĆ
SZEROKOŚĆ	MASA
BAJT	METR
CENTYMETR	MINUTA
STOPIEŃ	UNCJA
GRAM	WAGA
KILOGRAM	GŁĘBOKOŚĆ
KILOMETR	CAL
LITR	TONA

96 - Barcos

```
N  Ż  Z  X  M  V  F  G  A  U  K  C  M  M
K  A  A  P  R  O  M  A  N  W  O  R  A  A
A  J  U  G  M  O  V  N  L  F  T  K  R  S
J  O  J  T  L  W  B  I  O  E  W  G  Y  Z
A  B  A  H  Y  Ó  B  L  P  B  I  G  N  T
K  K  C  Y  X  C  W  Q  P  Ł  C  J  A  R
I  S  H  K  M  Q  Z  K  N  N  A  P  R  K
N  K  T  A  G  Y  P  N  A  E  C  O  Z  K
L  I  Y  W  A  U  E  J  Y  E  Z  R  O  M
I  P  H  T  Z  A  Ł  O  G  A  G  O  E  C
S  W  R  A  Ł  R  Z  E  K  A  P  I  F  S
H  M  O  R  S  K  I  F  A  L  A  Z  C  Y
F  B  W  T  P  M  M  G  F  A  C  E  N  U
K  A  L  D  F  Ł  I  K  G  U  I  J  V  Q
```

KOTWICA	MORSKI
TRATWA	MASZT
BOJA	SILNIK
KAJAK	NAUTYCZNY
LINA	OCEAN
PROM	FALE
JEZIORO	RZEKA
MORZE	ZAŁOGA
FALA	ŻAGLÓWKA
MARYNARZ	JACHT

97 - Antártida

```
T  K  C  H  M  U  R  Y  L  J  D  Ł  R  W
E  O  S  K  A  L  I  S  T  Y  R  B  O  Y
M  N  L  E  V  A  B  M  U  N  N  I  X  S
P  T  F  C  Y  Z  P  I  P  I  O  I  D  P
E  Y  W  W  R  C  M  N  A  W  L  Ó  D  Y
R  N  W  O  R  Z  I  E  D  G  V  A  G  G
A  E  Y  D  D  C  G  R  P  N  P  Y  E  H
T  N  P  O  R  A  R  A  Ó  I  T  Q  O  C
U  T  R  L  T  D  A  Ł  Ł  P  A  Z  G  A
R  P  A  G  M  A  C  Y  W  Q  K  C  R  N
A  P  W  J  X  B  J  B  Y  I  I  P  A  Z
P  Q  A  K  O  T  A  Z  S  Q  H  V  F  T
O  C  H  R  O  N  A  D  E  M  L  O  I  N
N  A  U  K  O  W  Y  F  P  W  D  V  A  B
```

WODA	WYSPY
ZATOKA	MIGRACJA
NAUKOWY	MINERAŁY
OCHRONA	CHMURY
KONTYNENT	PTAKI
WYPRAWA	PÓŁWYSEP
GEOGRAFIA	PINGWINY
LODOWCE	SKALISTY
LÓD	TEMPERATURA
BADACZ	

98 - Mamíferos

```
S  J  K  R  Ó  L  I  K  G  P  K  Y  X  P
Ł  O  I  S  O  K  O  T  O  W  Z  N  S  G
O  C  H  K  P  C  B  Y  R  O  L  E  I  W
Ń  N  I  A  I  C  S  L  Y  U  G  G  L  S
F  O  K  N  E  O  C  C  L  D  I  M  C  F
O  N  K  G  S  M  A  Ł  P  A  Z  F  S  T
C  W  G  U  K  O  J  O  T  R  D  V  V  A
B  U  C  R  M  B  D  Ą  Ł  B  L  E  I  W
J  S  Z  E  P  B  U  H  Y  E  X  O  S  D
Ż  Y  R  A  F  A  Y  M  G  Z  X  W  V  F
X  D  E  L  F  I  N  K  W  I  L  K  W  S
G  N  I  E  D  Ź  W  I  E  D  Ź  P  R  J
I  U  U  C  C  G  A  R  J  H  W  P  D  X
U  Z  R  I  R  V  T  I  V  Z  K  D  O  U
```

WIELORYB	KOT
OSIOŁ	GORYL
KOŃ	ŻYRAFA
WIELBŁĄD	WILK
KANGUR	MAŁPA
ZEBRA	NIEDŹWIEDŹ
KRÓLIK	OWCE
KOJOT	PIES
DELFIN	BYK
SŁOŃ	LIS

99 - Abejas

```
K  R  Ó  L  O  W  A  E  O  W  A  D  Ł  Ć
S  K  Z  H  U  K  Ł  K  Ć  V  M  B  N  Ś
O  Z  U  C  E  O  D  O  Ą  T  W  I  L  O
W  A  D  Y  M  R  Y  S  N  J  A  U  Ó  N
R  P  W  S  T  Z  Z  Y  T  A  I  W  K  D
O  Y  O  Ł  Y  Y  R  S  I  V  J  V  Z  O
Ś  L  G  O  W  S  K  T  W  N  O  E  D  R
L  A  R  Ń  C  T  S  E  K  Y  T  L  Q  O
I  C  Ó  C  B  N  N  M  Ł  J  B  U  V  N
N  Z  D  E  V  Y  K  R  K  Y  W  F  P  Ż
Y  U  R  Ż  Y  W  N  O  Ś  Ć  P  S  U  Ó
F  U  X  L  A  Ł  N  M  S  B  M  N  N  R
F  B  P  B  G  T  O  D  O  W  O  C  J  T
B  Y  E  Y  P  F  H  R  H  R  Ó  J  P  U
```

SKRZYDŁA	OWOC
KORZYSTNY	DYM
WOSK	OWAD
UL	OGRÓD
ŻYWNOŚĆ	MIÓD
RÓŻNORODNOŚĆ	ROŚLINY
EKOSYSTEM	PYŁEK
RÓJ	ZAPYLACZ
KWITNĄĆ	KRÓLOWA
KWIATY	SŁOŃCE

100 - Psicología

```
P  O  S  T  R  Z  E  G  A  N  I  E  M  O
N  D  Z  I  E  C  I  Ń  S  T  W  O  A  C
P  I  K  O  N  F  L  I  K  T  Q  G  R  E
Z  O  E  P  O  M  Y  S  Ł  Y  A  E  Z  N
K  A  Z  P  B  S  M  B  Ł  Y  J  M  E  A
L  O  C  N  R  U  C  Z  U  C  I  E  N  S
I  S  F  H  A  Z  C  K  Z  P  J  L  I  P
N  O  Q  X  O  N  Y  P  C  Z  H  U  A  M
I  B  G  J  M  W  I  T  E  M  O  C  J  E
C  O  K  I  C  W  A  E  O  A  P  K  B  L
Z  W  J  F  V  D  S  N  R  M  Y  D  Ł  B
N  O  F  A  E  O  T  R  I  G  N  M  B  O
Y  Ś  C  W  Y  H  T  O  O  E  O  Y  R  R
O  Ć  Z  Ł  M  Y  Ś  L  I  M  J  U  B  P
```

KLINICZNY	NIEPRZYTOMNY
POZNANIE	DZIECIŃSTWO
ZACHOWANIE	MYŚLI
KONFLIKT	POSTRZEGANIE
EGO	OSOBOWOŚĆ
EMOCJE	PROBLEM
OCENA	UCZUCIE
POMYSŁY	MARZENIA

1 - Arqueología

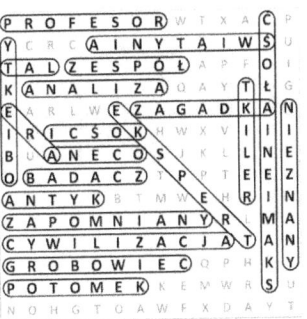

2 - Granja #2

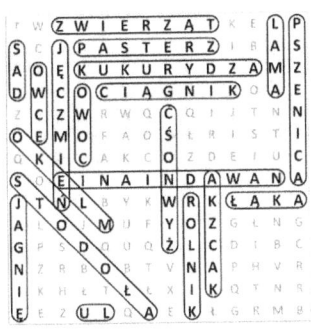

3 - La Empresa

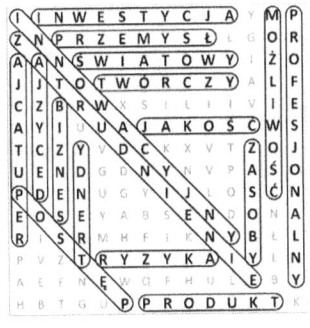

4 - Aviones

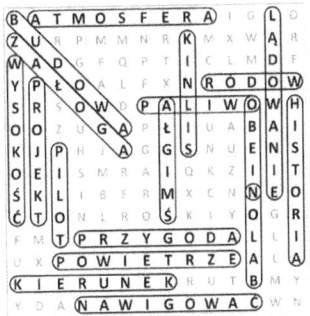

5 - Tipos de Cabello

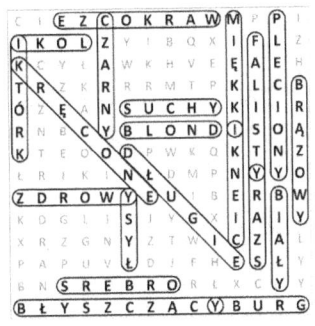

6 - Ciencia Ficción

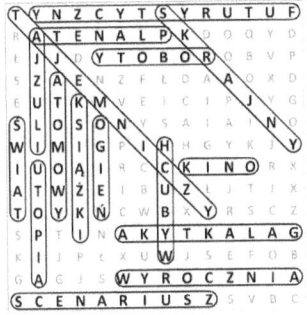

7 - Circo

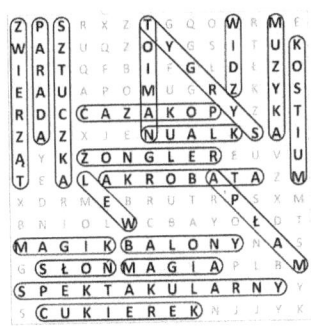

8 - Granja #1

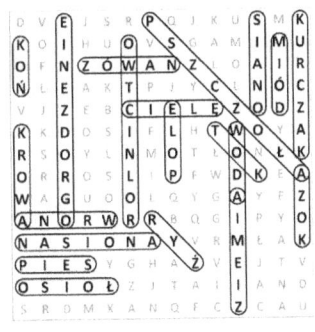

9 - Camping

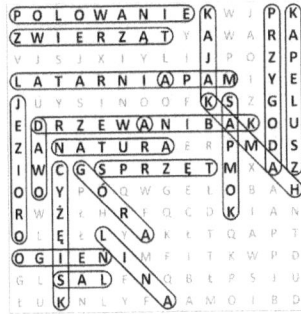

10 - Fruta

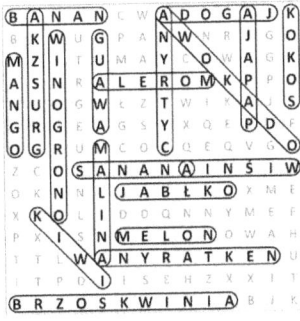

11 - Geología

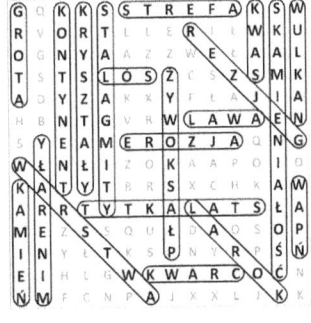

12 - Álgebra

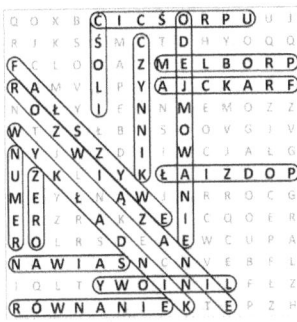

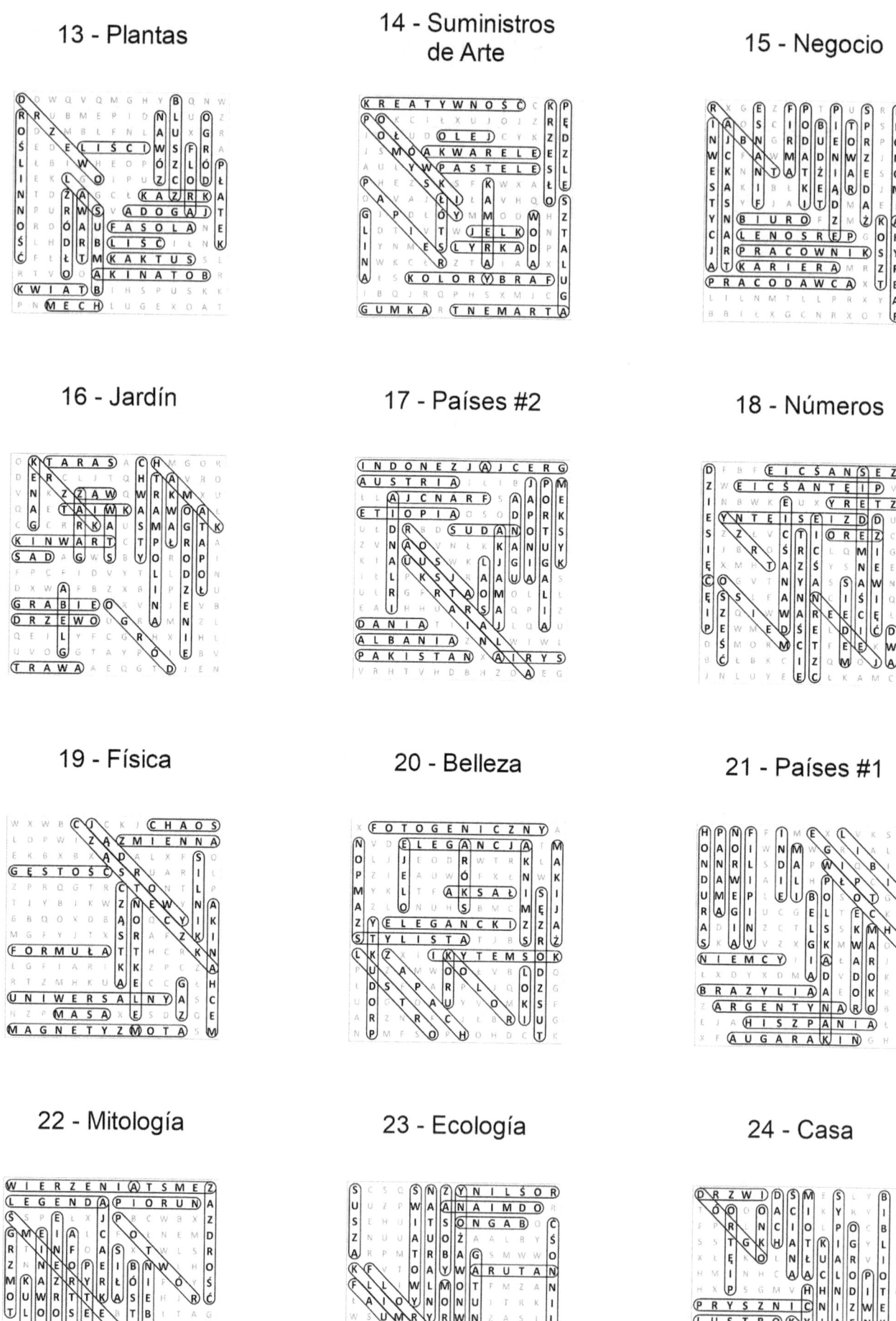

13 - Plantas

14 - Suministros de Arte

15 - Negocio

16 - Jardín

17 - Países #2

18 - Números

19 - Física

20 - Belleza

21 - Países #1

22 - Mitología

23 - Ecología

24 - Casa

25 - Salud y Bienestar #2

Word search grid containing: ODWODNIENIE, WITAMINA, CHOROBA, GRELA, SZPITAL, KALORIE, WAGA, MASAŻ, HIGIENA, DIETA, ZDROWY

26 - Adjetivos #1

Word search grid containing: YNTULOSBA, DUŻY, WAŻNY, HOJNY, AKTYWNY, AMBITNY, CENNY, YNZCYTAMORA, CIĘŻKI, CIEMNY, NIEWINNY, WICZCU

27 - Familia

Word search grid containing: CÓRKA, DZIECKO, DZIECIŃSTWO, TENY, ZUK, ŻONA, MĄŻ, OJCIEC, BRATANEK, SIOSTRA, TAM, WUJEK, PRZODEK

28 - Disciplinas Científicas

Word search grid containing: MAPA, BIOLOGIA, CHEMIA, MECHANIKA, GEOLOGIA, EKOLOGIA, METEOROLOGIA, TERMODYNAMIKA, ASTRONOMIA, PSYCHOLOGIA, BOTANIKA

29 - Gatos

Word search grid containing: PRZĘSŁO, FIGLARNY, ŁAPA, CZUŁY, SZYBKIE, MYSZ, WILK, SEN

30 - Cocina

Word search grid containing: WIDELCE, ŁYŻKA, FARTUCH, PRZYPRAWY, NOŻE, AKBAG, GÓWEK, GRILL, SERWETKA, WYGODNOŚĆ

31 - Moda

Word search grid containing: PRAKTYCZNY, ELEGANCKI, TKANINA, RÓZW, STYL, NOWOCZESNY, SKROMNY, NIEDROGIE, WYRAFINOWANY

32 - Electricidad

Word search grid containing: LAMPA, YDOWEZRP, AKWÓRAŻ, LEBAK, MAGNES, TELEFON, SIEC

33 - Salud y Bienestar #1

Word search grid containing: HORMONY, SKÓRA, RAKIET, EINŚEIM, NAWYK, RELAKS, WIRUS, ODRUCH, LEKARZ, LECZENIE, LÓD

34 - Adjetivos #2

Word search grid containing: ANLAMRON, SŁAWNY, PIKANTNY, IKCNAGELE, NATURALNY, YŻEIWS, ZMĘCZONY, ZDROWY, OPISOWY, SUCHY, INTERESUJĄCY

35 - Cuerpo Humano

Word search grid containing: NOS, NCELAP, HUSTA, PODBRÓDEK, KOLANO, ŁOKIEC, SERCE, EIMART, JEZYK, MÓZG, TWARZA, KOSTKA

36 - Ciencia

Word search grid containing: ROŚLI, ARUTAN, TAMIL, AKYZIF, SKAMIENIAŁOŚC, NAUKOWIEC, IKTSAZC, ORGANIZM, CZASTECZKI, EKSPERYMENT, MINERAŁY

37 - Restaurante #2

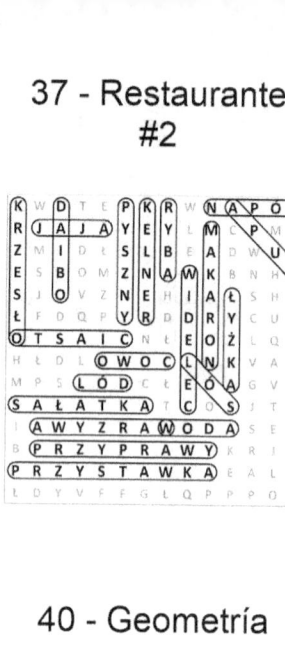

38 - Profesiones #1

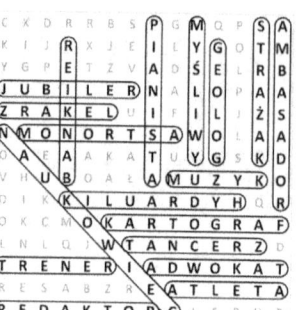

39 - Vehículos

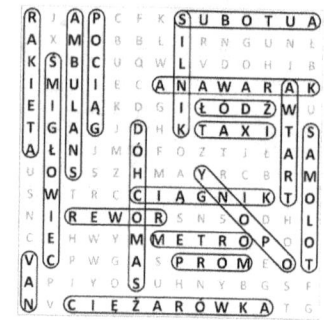

40 - Geometría

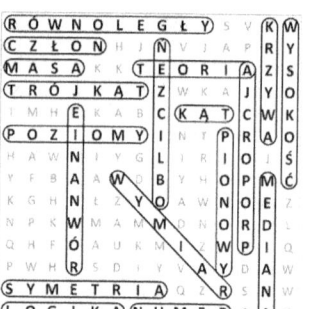

41 - Vacaciones #2

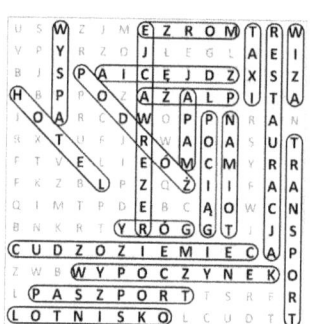

42 - Baile

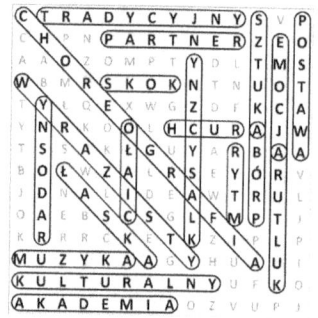

43 - Matemáticas

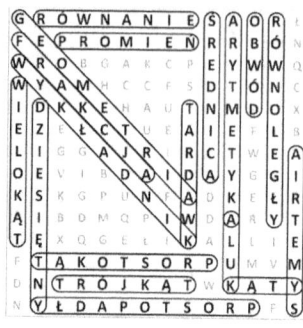

44 - Restaurante #1

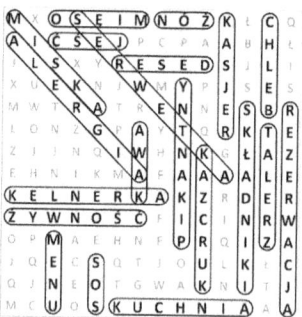

45 - Profesiones #2

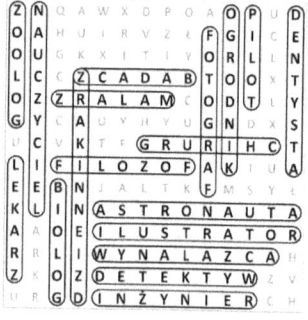

46 - Senderismo

47 - Naturaleza

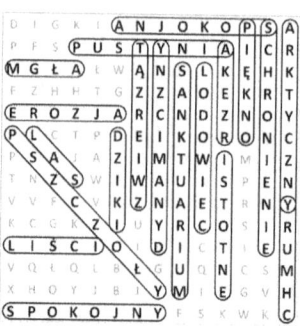

48 - Conduciendo

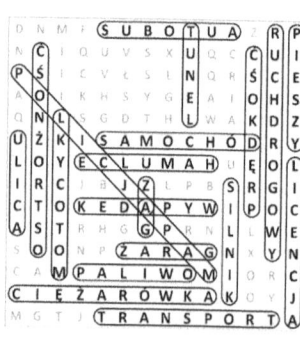

49 - Ballet

50 - Fuerza y Gravedad

51 - Pájaros

52 - Geografía

53 - Música

54 - Actividades

55 - Verduras

56 - Instrumentos Musicales

57 - Mascotas

58 - Formas

59 - Flores

60 - Astronomía

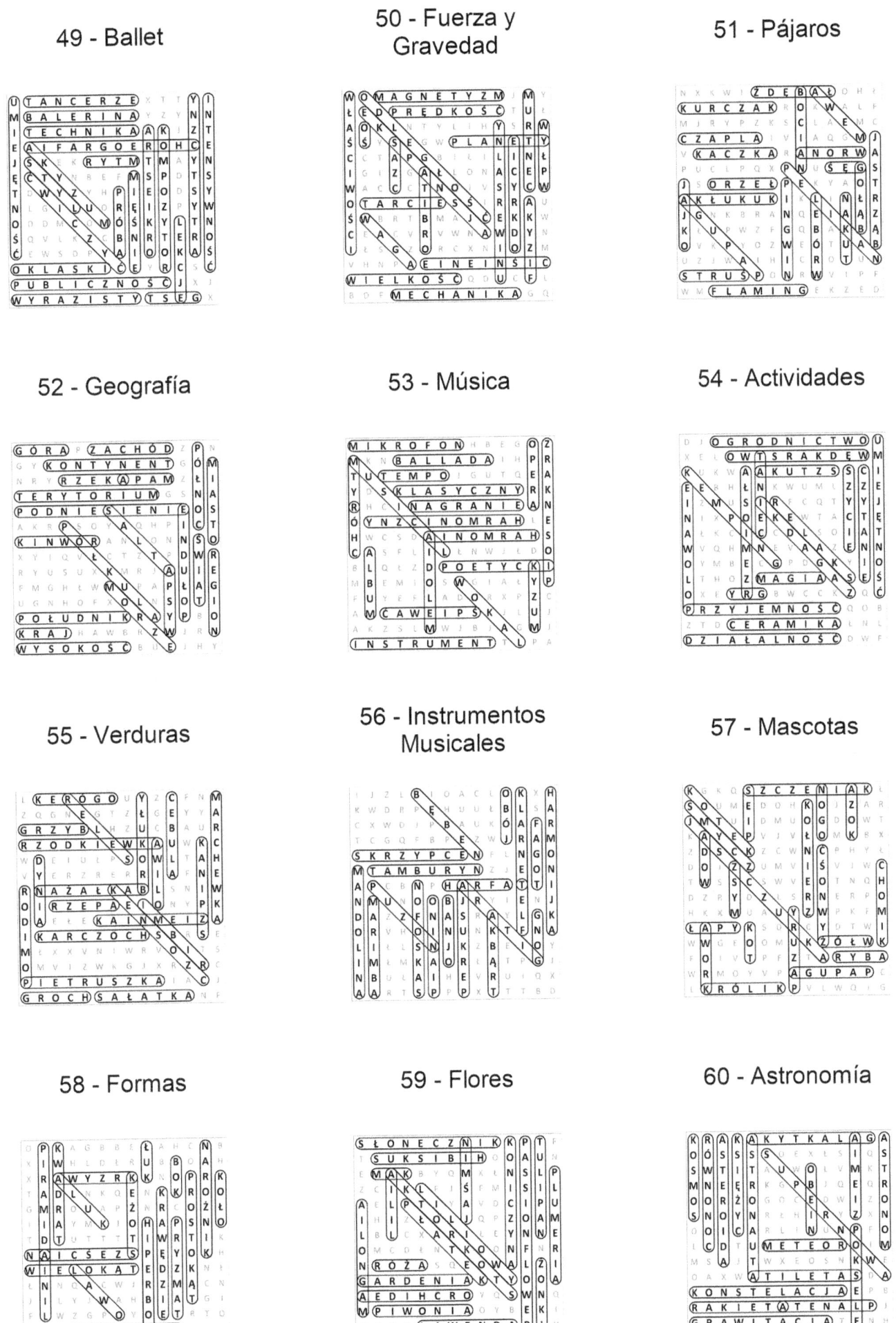

61 - Tiempo

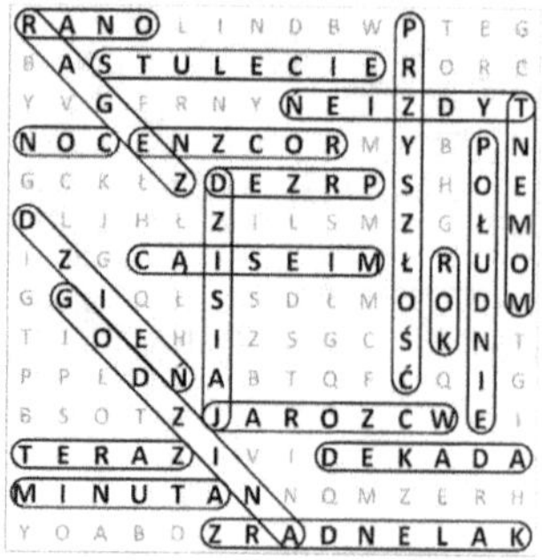

62 - Paisajes

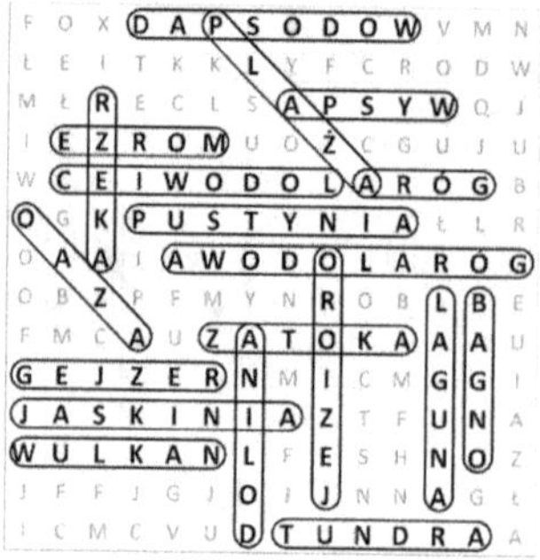

63 - Días y Meses

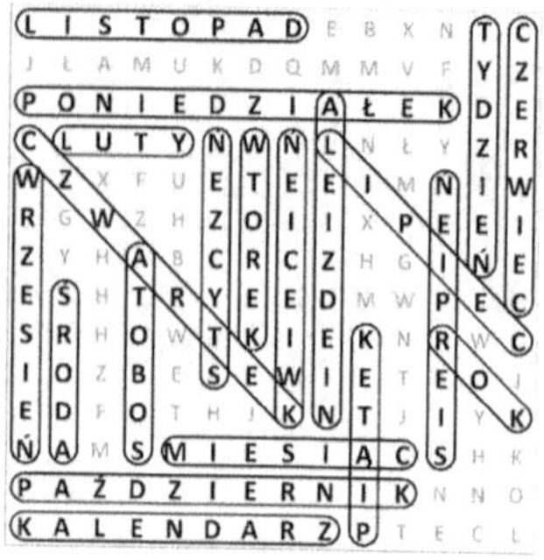

64 - Jardinería

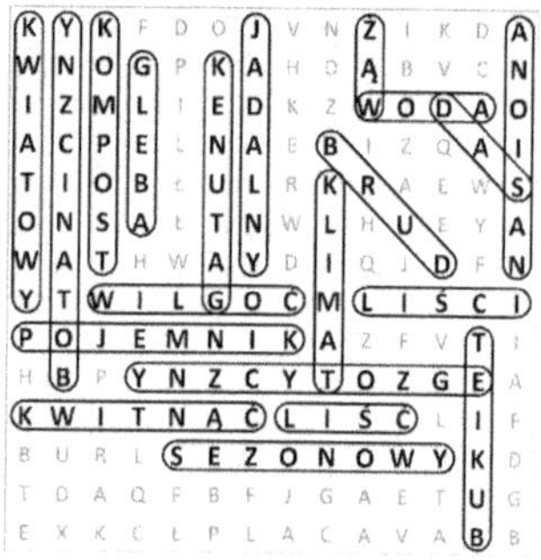

65 - Barbacoas

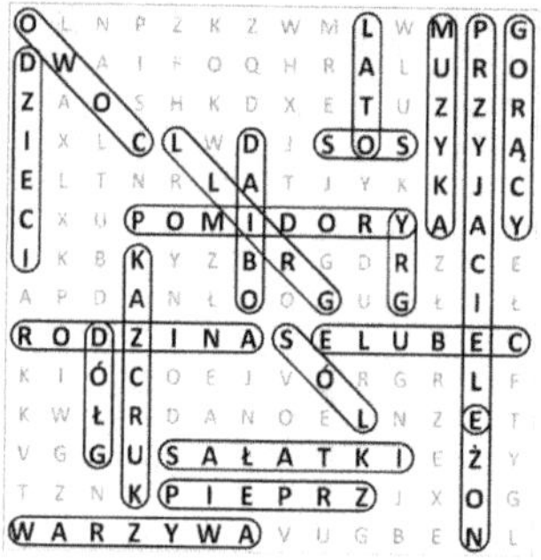

66 - Ropa

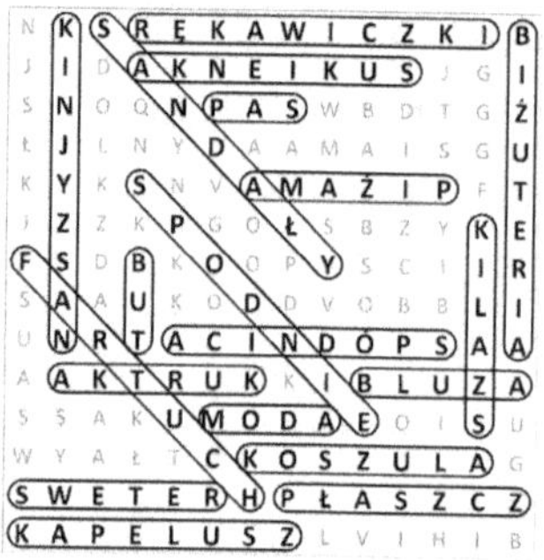

67 - Meditación

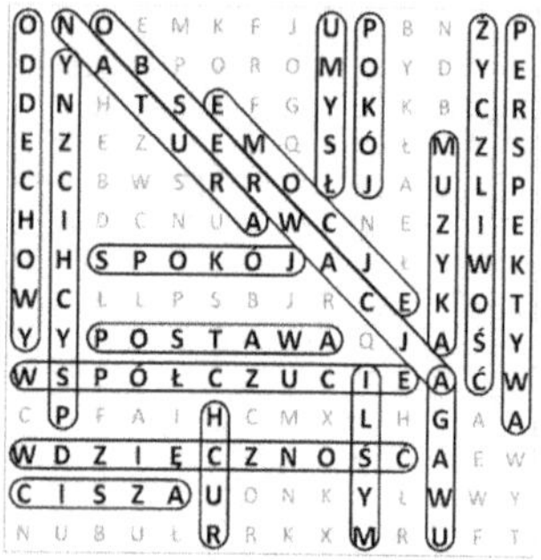

68 - Café

69 - Libros

70 - Los Medios de Comunicación

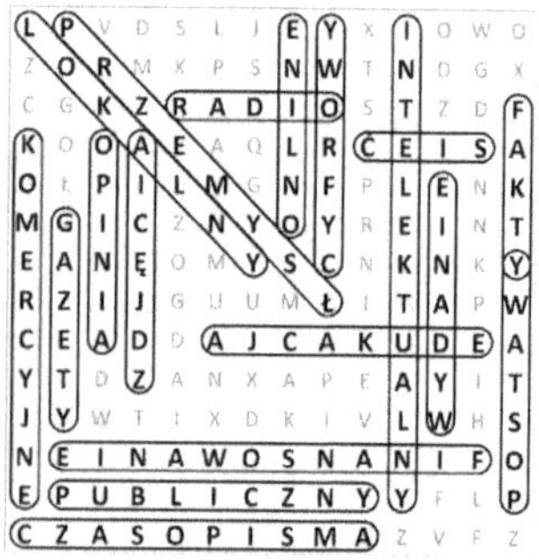

71 - Nutrición

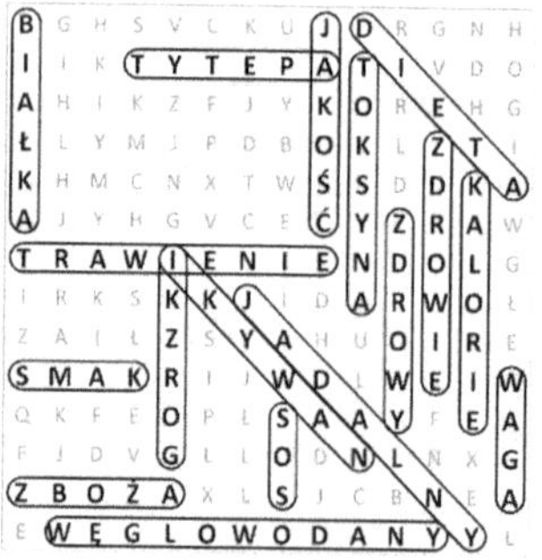

72 - Edificios

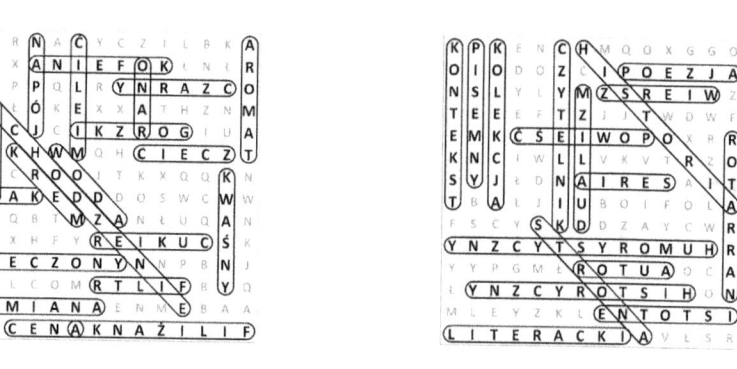

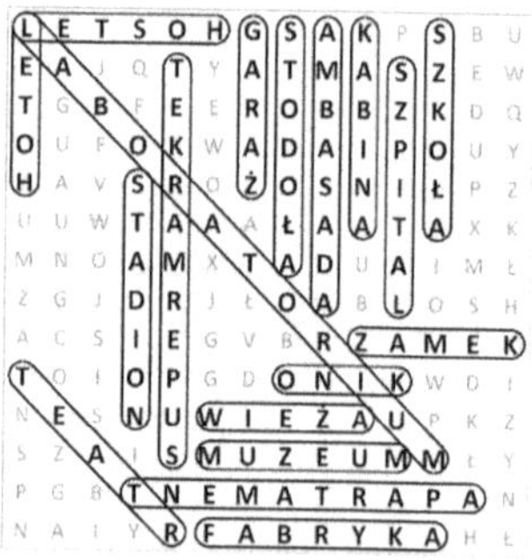

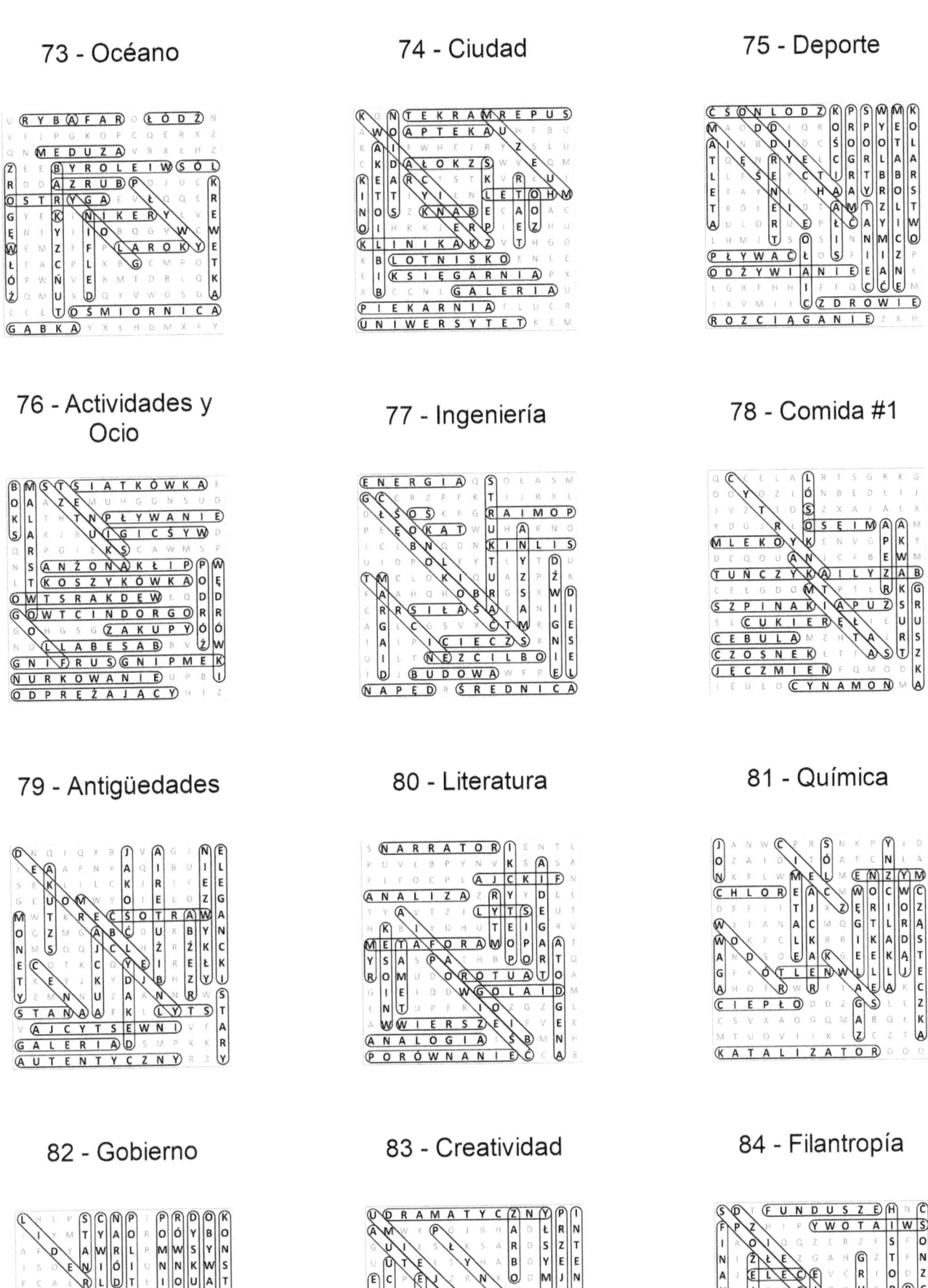

73 - Océano

74 - Ciudad

75 - Deporte

76 - Actividades y Ocio

77 - Ingeniería

78 - Comida #1

79 - Antigüedades

80 - Literatura

81 - Química

82 - Gobierno

83 - Creatividad

84 - Filantropía

85 - Clima

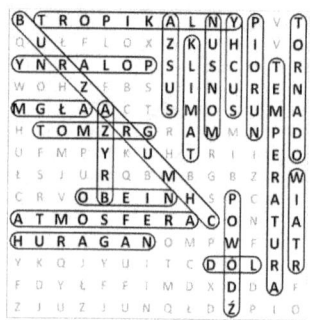

86 - Comida #2

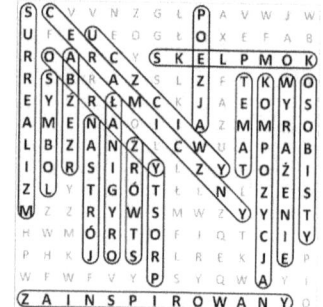

87 - Arte

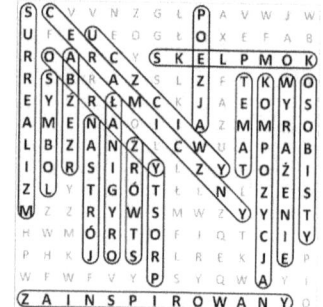

88 - Diplomacia

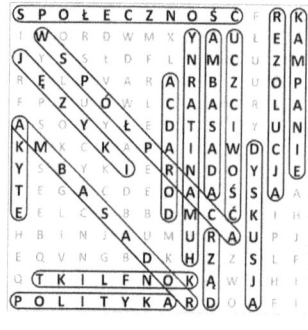

89 - Herboristería

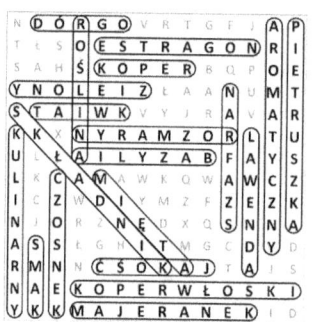

90 - Energía

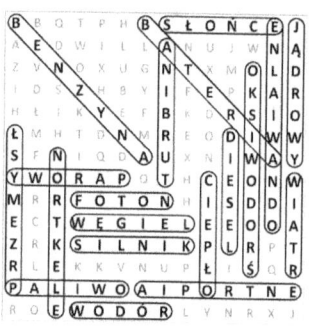

91 - Insectos

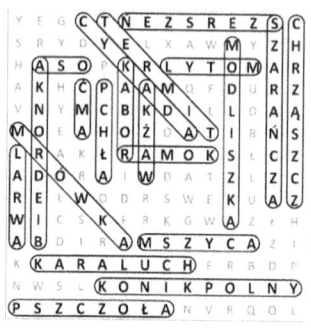

92 - Especias

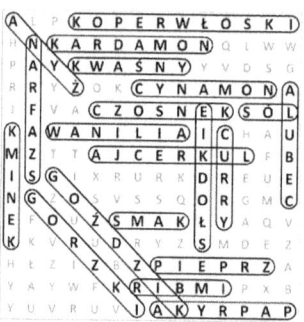

93 - Universo

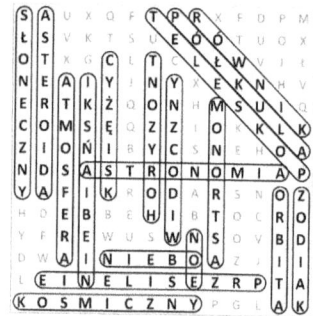

94 - Jazz

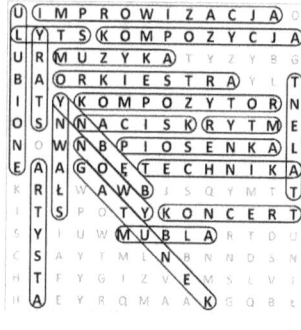

95 - Mediciones

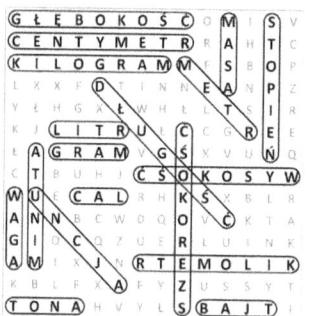

96 - Barcos

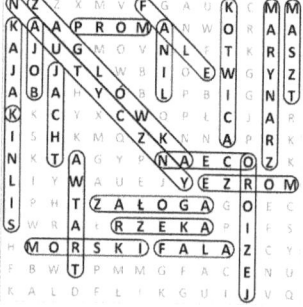

97 - Antártida

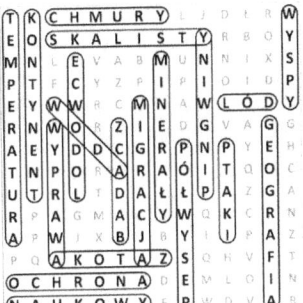

98 - Mamíferos

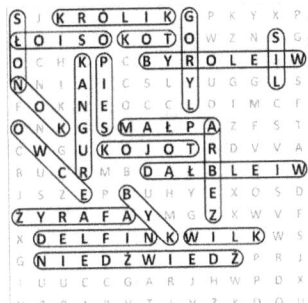

99 - Abejas

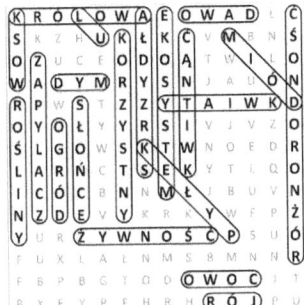

100 - Psicología

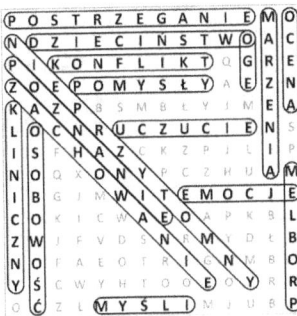

Diccionario

Abejas
Pszczoły

Alas	Skrzydła
Beneficioso	Korzystny
Cera	Wosk
Colmena	Ul
Comida	Żywność
Diversidad	Różnorodność
Ecosistema	Ekosystem
Enjambre	Rój
Flor	Kwitnąć
Flores	Kwiaty
Fruta	Owoc
Humo	Dym
Insecto	Owad
Jardín	Ogród
Miel	Miód
Plantas	Rośliny
Polen	Pyłek
Polinizador	Zapylacz
Reina	Królowa
Sol	Słońce

Actividades
Działalność

Actividad	Działalność
Arte	Sztuka
Artesanía	Rzemiosła
Baile	Taniec
Camping	Kemping
Caza	Polowanie
Cerámica	Ceramika
Costura	Szycie
Fotografía	Fotografia
Habilidad	Umiejętność
Jardinería	Ogrodnictwo
Juegos	Gry
Lectura	Czytanie
Magia	Magia
Ocio	Wypoczynek
Pesca	Wędkarstwo
Placer	Przyjemność
Relajación	Relaks
Rompecabezas	Zagadki
Senderismo	Wędrówki

Actividades y Ocio
Aktywność i Wypoczynek

Arte	Sztuka
Baloncesto	Koszykówka
Béisbol	Baseball
Boxeo	Boks
Buceo	Nurkowanie
Camping	Kemping
Carreras	Wyścigi
Compras	Zakupy
Fútbol	Piłka Nożna
Golf	Golf
Jardinería	Ogrodnictwo
Natación	Pływanie
Pesca	Wędkarstwo
Pintura	Malarstwo
Relajante	Odprężający
Senderismo	Wędrówki
Surf	Surfing
Tenis	Tenis
Viaje	Podróż
Voleibol	Siatkówka

Adjetivos #1
Przymiotniki # 1

Absoluto	Absolutny
Activo	Aktywny
Ambicioso	Ambitny
Aromático	Aromatyczny
Atractivo	Atrakcyjny
Brillante	Jasny
Enorme	Ogromny
Generoso	Hojny
Grande	Duży
Honesto	Uczciwy
Importante	Ważny
Inocente	Niewinny
Joven	Młody
Lento	Powoli
Moderno	Nowoczesny
Oscuro	Ciemny
Perfecto	Doskonały
Pesado	Ciężki
Serio	Poważny
Valioso	Cenny

Adjetivos #2
Przymiotniki # 2

Cansado	Zmęczony
Comestible	Jadalny
Creativo	Twórczy
Descriptivo	Opisowy
Dramático	Dramatyczny
Dulce	Słodkie
Elegante	Elegancki
Famoso	Sławny
Fresco	Świeży
Fuerte	Silny
Interesante	Interesujący
Natural	Naturalny
Normal	Normalna
Nuevo	Nowy
Orgulloso	Dumny
Picante	Pikantny
Productivo	Produktywny
Salado	Słony
Saludable	Zdrowy
Seco	Suchy

Antártida
Antarktyda

Agua	Woda
Bahía	Zatoka
Científico	Naukowy
Conservación	Ochrona
Continente	Kontynent
Expedición	Wyprawa
Geografía	Geografia
Glaciares	Lodowce
Hielo	Lód
Investigador	Badacz
Islas	Wyspy
Migración	Migracja
Minerales	Minerały
Nubes	Chmury
Pájaros	Ptaki
Península	Półwysep
Pingüinos	Pingwiny
Rocoso	Skalisty
Temperatura	Temperatura
Topografía	Topografia

Antigüedades
Antyki

Arte	Sztuka
Auténtico	Autentyczny
Calidad	Jakość
Condición	Stan
Decorativo	Dekoracyjny
Décadas	Dekady
Elegante	Elegancki
Escultura	Rzeźba
Estilo	Styl
Galería	Galeria
Inusual	Niezwykły
Inversión	Inwestycja
Joyas	Biżuteria
Monedas	Monety
Mueble	Meble
Precio	Cena
Siglo	Stulecie
Subasta	Aukcja
Valor	Wartość
Viejo	Stary

Arqueología
Archeologia

Análisis	Analiza
Antigüedad	Antyk
Años	Lat
Civilización	Cywilizacja
Descendiente	Potomek
Desconocido	Nieznany
Equipo	Zespół
Era	Era
Evaluación	Ocena
Experto	Ekspert
Fósil	Skamieniałość
Huesos	Kości
Investigador	Badacz
Misterio	Zagadka
Objetos	Obiekty
Olvidado	Zapomniany
Profesor	Profesor
Reliquia	Relikt
Templo	Świątynia
Tumba	Grobowiec

Arte
Sztuka

Cerámica	Ceramiczny
Complejo	Kompleks
Composición	Kompozycja
Crear	Stwórz
Escultura	Rzeźba
Expresión	Wyrażenie
Honesto	Uczciwy
Humor	Nastrój
Inspirado	Zainspirowany
Original	Oryginał
Personal	Osobisty
Pinturas	Obrazy
Poesía	Poezja
Retratar	Przedstawiać
Sencillo	Prosty
Símbolo	Symbol
Surrealismo	Surrealizm
Tema	Temat
Visual	Wizualny

Astronomía
Astronomia

Asteroide	Asteroida
Astronauta	Astronauta
Astrónomo	Astronom
Cielo	Niebo
Cohete	Rakieta
Constelación	Konstelacja
Cosmos	Kosmos
Eclipse	Zaćmienie
Equinoccio	Równonoc
Galaxia	Galaktyka
Gravedad	Grawitacja
Luna	Księżyc
Meteoro	Meteor
Observatorio	Obserwatorium
Planeta	Planeta
Satélite	Satelita
Supernova	Supernowa
Telescopio	Teleskop
Tierra	Ziemia
Universo	Wszechświat

Aviones
Samoloty

Aire	Powietrze
Altura	Wysokość
Aterrizaje	Lądowanie
Atmósfera	Atmosfera
Aventura	Przygoda
Cielo	Niebo
Combustible	Paliwo
Construcción	Budowa
Dirección	Kierunek
Diseño	Projekt
Globo	Balon
Hélices	Śmigła
Hidrógeno	Wodór
Historia	Historia
Motor	Silnik
Navegar	Nawigować
Pasajero	Pasażer
Piloto	Pilot
Tripulación	Załoga
Turbulencia	Turbulencja

Álgebra
Algebra

Cantidad	Ilość
Cero	Zero
Diagrama	Diagram
División	Podział
Ecuación	Równanie
Exponente	Wykładnik
Factor	Czynnik
Falso	Fałszywe
Fórmula	Formuła
Fracción	Frakcja
Infinito	Nieskończony
Lineal	Liniowy
Matriz	Matryca
Número	Numer
Paréntesis	Nawias
Problema	Problem
Resta	Odejmowanie
Simplificar	Uprościć
Solución	Rozwiązanie
Variable	Zmienna

Baile
Taniec

Academia	Akademia
Alegre	Radosny
Arte	Sztuka
Clásico	Klasyczny
Coreografía	Choreografia
Cuerpo	Ciało
Cultura	Kultura
Cultural	Kulturalny
Emoción	Emocja
Ensayo	Próba
Expresivo	Wyrazisty
Gracia	Łaska
Movimiento	Ruch
Música	Muzyka
Postura	Postawa
Ritmo	Rytm
Saltar	Skok
Socio	Partner
Tradicional	Tradycyjny
Visual	Wizualny

Ballet
Balet

Aplauso	Oklaski
Artístico	Artystyczny
Audiencia	Publiczność
Bailarina	Balerina
Bailarines	Tancerze
Compositor	Kompozytor
Coreografía	Choreografia
Ensayo	Próba
Estilo	Styl
Expresivo	Wyrazisty
Gesto	Gest
Habilidad	Umiejętność
Intensidad	Intensywność
Lecciones	Lekcje
Músculos	Mięśnie
Música	Muzyka
Orquesta	Orkiestra
Práctica	Ćwiczyć
Ritmo	Rytm
Técnica	Technika

Barbacoas
Grillowanie

Amigos	Przyjaciele
Caliente	Gorący
Cebollas	Cebule
Cena	Obiad
Cuchillos	Noże
Ensaladas	Sałatki
Familia	Rodzina
Fruta	Owoc
Hambre	Głód
Juegos	Gry
Música	Muzyka
Niños	Dzieci
Parrilla	Grill
Pimienta	Pieprz
Pollo	Kurczak
Sal	Sól
Salsa	Sos
Tomates	Pomidory
Verano	Lato
Verduras	Warzywa

Barcos
Łodzie

Ancla	Kotwica
Balsa	Tratwa
Boya	Boja
Canoa	Kajak
Cuerda	Lina
Ferry	Prom
Lago	Jezioro
Mar	Morze
Marea	Fala
Marinero	Marynarz
Marítimo	Morski
Mástil	Maszt
Motor	Silnik
Náutico	Nautyczny
Océano	Ocean
Olas	Fale
Río	Rzeka
Tripulación	Załoga
Velero	Żaglówka
Yate	Jacht

Belleza
Piękno

Aceites	Oleje
Champú	Szampon
Color	Kolor
Cosméticos	Kosmetyki
Elegancia	Elegancja
Elegante	Elegancki
Encanto	Urok
Espejo	Lustro
Estilista	Stylista
Fotogénico	Fotogeniczny
Fragancia	Zapach
Gracia	Łaska
Maquillaje	Makijaż
Piel	Skóra
Pintalabios	Szminka
Productos	Produkty
Rizos	Loki
Rímel	Tusz do Rzęs
Servicios	Usługi
Tijeras	Nożyczki

Café
Kawa

Agua	Woda
Amargo	Gorzki
Aroma	Aromat
Asado	Pieczony
Azúcar	Cukier
Ácido	Kwaśny
Bebida	Napój
Cafeína	Kofeina
Crema	Krem
Filtro	Filtr
Leche	Mleko
Líquido	Ciecz
Mañana	Rano
Moler	Mielić
Negro	Czarny
Origen	Pochodzenie
Precio	Cena
Sabor	Smak
Taza	Filiżanka
Variedad	Odmiana

Camping
Kemping

Animales	Zwierząt
Aventura	Przygoda
Árboles	Drzewa
Bosque	Las
Brújula	Kompas
Cabina	Kabina
Canoa	Kajak
Caza	Polowanie
Cuerda	Lina
Equipo	Sprzęt
Fuego	Ogień
Hamaca	Hamak
Insecto	Owad
Lago	Jezioro
Linterna	Latarnia
Luna	Księżyc
Mapa	Mapa
Montaña	Góra
Naturaleza	Natura
Sombrero	Kapelusz

Casa
Dom

Alfombra	Dywan
Ático	Strych
Biblioteca	Biblioteka
Chimenea	Kominek
Cocina	Kuchnia
Dormitorio	Sypialnia
Ducha	Prysznic
Escoba	Miotła
Espejo	Lustro
Garaje	Garaż
Grifo	Kran
Jardín	Ogród
Lámpara	Lampa
Pared	Ściana
Piso	Piętro
Puerta	Drzwi
Sótano	Piwnica
Techo	Dach
Valla	Ogrodzenie
Ventana	Okno

Ciencia
Nauki Ścisłe

Átomo	Atom
Científico	Naukowiec
Clima	Klimat
Datos	Dane
Evolución	Ewolucja
Experimento	Eksperyment
Física	Fizyka
Fósil	Skamieniałość
Gravedad	Grawitacja
Hecho	Fakt
Hipótesis	Hipoteza
Laboratorio	Laboratorium
Método	Metoda
Minerales	Minerały
Moléculas	Cząsteczki
Naturaleza	Natura
Organismo	Organizm
Partículas	Cząstki
Plantas	Rośliny
Químico	Chemiczny

Ciencia Ficción
Fantastyka Naukowa

Atómico	Atomowy
Cine	Kino
Escenario	Scenariusz
Explosión	Wybuch
Extremo	Skrajny
Fantástico	Fantastyczny
Fuego	Ogień
Futurista	Futurystyczny
Galaxia	Galaktyka
Ilusión	Iluzja
Imaginario	Wyimaginowany
Libros	Książki
Misterioso	Tajemniczy
Mundo	Świat
Oráculo	Wyrocznia
Planeta	Planeta
Realista	Realistyczny
Robots	Roboty
Tecnología	Technologia
Utopía	Utopia

Circo
Cyrk

Acróbata	Akrobata
Animales	Zwierząt
Caramelo	Cukierek
Carpa	Namiot
Desfile	Parada
Elefante	Słoń
Espectacular	Spektakularny
Espectador	Widz
Globos	Balony
León	Lew
Magia	Magia
Mago	Magik
Malabarista	Żongler
Mono	Małpa
Mostrar	Pokazać
Música	Muzyka
Payaso	Klaun
Tigre	Tygrys
Traje	Kostium
Truco	Sztuczka

Ciudad
Miasto

Aeropuerto	Lotnisko
Banco	Bank
Biblioteca	Biblioteka
Cine	Kino
Clínica	Klinika
Escuela	Szkoła
Estadio	Stadion
Farmacia	Apteka
Florista	Kwiaciarz
Galería	Galeria
Hotel	Hotel
Librería	Księgarnia
Mercado	Rynek
Museo	Muzeum
Panadería	Piekarnia
Supermercado	Supermarket
Teatro	Teatr
Tienda	Sklep
Universidad	Uniwersytet
Zoo	Zoo

Clima
Pogoda

Atmósfera	Atmosfera
Brisa	Bryza
Cielo	Niebo
Clima	Klimat
Hielo	Lód
Huracán	Huragan
Inundación	Powódź
Monzón	Monsun
Niebla	Mgła
Nube	Chmura
Polar	Polarny
Rayo	Piorun
Seco	Suchy
Sequía	Susza
Temperatura	Temperatura
Tormenta	Burza
Tornado	Tornado
Tropical	Tropikalny
Trueno	Grzmot
Viento	Wiatr

Cocina
Kuchnia

Caldera	Czajnik
Comer	Jeść
Comida	Żywność
Congelador	Zamrażarka
Cucharas	Łyżki
Cucharón	Chochla
Cuchillos	Noże
Delantal	Fartuch
Especias	Przyprawy
Esponja	Gąbka
Horno	Piekarnik
Jarra	Dzbanek
Palillos	Pałeczki
Parrilla	Grill
Receta	Przepis
Refrigerador	Lodówka
Servilleta	Serwetka
Tazas	Kubki
Tazón	Miska
Tenedores	Widelce

Comida #1
Jedzenie # 1

Ajo	Czosnek
Albahaca	Bazylia
Atún	Tuńczyk
Azúcar	Cukier
Canela	Cynamon
Carne	Mięso
Cebada	Jęczmień
Cebolla	Cebula
Ensalada	Sałatka
Espinacas	Szpinak
Fresa	Truskawka
Jugo	Sok
Leche	Mleko
Limón	Cytryna
Menta	Mięta
Nabo	Rzepa
Pera	Gruszka
Sal	Sól
Sopa	Zupa
Zanahoria	Marchewka

Comida #2
Jedzenie # 2

Alcachofa	Karczoch
Almendra	Migdał
Apio	Seler
Arroz	Ryż
Berenjena	Bakłażan
Cereza	Wiśnia
Chocolate	Czekolada
Girasol	Słonecznik
Huevo	Jajko
Jengibre	Imbir
Kiwi	Kiwi
Manzana	Jabłko
Pan	Chleb
Plátano	Banan
Pollo	Kurczak
Queso	Ser
Tomate	Pomidor
Trigo	Pszenica
Uva	Winogrono
Yogur	Jogurt

Conduciendo
Prowadzenie Pojazdów

Accidente	Wypadek
Autobús	Autobus
Calle	Ulica
Camión	Ciężarówka
Coche	Samochód
Combustible	Paliwo
Frenos	Hamulce
Garaje	Garaż
Gas	Gaz
Licencia	Licencja
Mapa	Mapa
Motocicleta	Motocykl
Motor	Silnik
Peatonal	Pieszy
Policía	Policja
Precaución	Ostrożność
Transporte	Transport
Tráfico	Ruch Drogowy
Túnel	Tunel
Velocidad	Prędkość

Creatividad
Kreatywność

Artístico	Artystyczny
Autenticidad	Autentyczność
Claridad	Przejrzystość
Dramático	Dramatyczny
Emociones	Emocje
Espontáneo	Spontaniczny
Expresión	Wyrażenie
Fluidez	Płynność
Habilidad	Umiejętność
Ideas	Pomysły
Imagen	Obraz
Imaginación	Wyobraźnia
Impresión	Wrażenie
Inspiración	Inspiracja
Intensidad	Intensywność
Intuición	Intuicja
Inventivo	Wynalazczy
Sensación	Uczucie
Visiones	Wizje
Vitalidad	Witalność

Cuerpo Humano
Ciało Ludzkie

Barbilla	Podbródek
Boca	Usta
Cabeza	Głowa
Cara	Twarz
Cerebro	Mózg
Codo	Łokieć
Corazón	Serce
Cuello	Szyja
Dedo	Palec
Hombro	Ramię
Lengua	Język
Mano	Ręka
Nariz	Nos
Ojo	Oko
Oreja	Ucho
Piel	Skóra
Pierna	Noga
Rodilla	Kolano
Sangre	Krew
Tobillo	Kostka

Deporte
Sport

Atleta	Atleta
Baile	Taniec
Capacidad	Zdolność
Ciclismo	Kolarstwo
Cuerpo	Ciało
Deportes	Sporty
Dieta	Dieta
Entrenador	Trener
Estiramiento	Rozciąganie
Fuerza	Siła
Huesos	Kości
Maximizar	Wyolbrzymiać
Metabólico	Metaboliczne
Músculos	Mięśnie
Nadar	Pływać
Nutrición	Odżywianie
Programa	Program
Resistencia	Wytrzymałość
Respirar	Oddychać
Salud	Zdrowie

Diplomacia
Dyplomacja

Asesor	Doradca
Campañas	Kampanie
Cívico	Obywatelski
Comunidad	Społeczność
Conflicto	Konflikt
Cooperación	Współpraca
Diplomático	Dyplomatyczny
Discusión	Dyskusja
Embajada	Ambasada
Embajador	Ambasador
Extranjero	Zagraniczny
Ética	Etyka
Gobierno	Rząd
Humanitario	Humanitarny
Idiomas	Języki
Integridad	Uczciwość
Política	Polityka
Resolución	Rezolucja
Solución	Rozwiązanie
Tratado	Traktat

Disciplinas Científicas
Dyscypliny Naukowe

Anatomía	Anatomia
Arqueología	Archeologia
Astronomía	Astronomia
Biología	Biologia
Bioquímica	Biochemia
Botánica	Botanika
Ecología	Ekologia
Fisiología	Fizjologia
Geología	Geologia
Inmunología	Immunologia
Mecánica	Mechanika
Meteorología	Meteorologia
Mineralogía	Mineralogia
Neurología	Neurologia
Nutrición	Odżywianie
Psicología	Psychologia
Química	Chemia
Sociología	Socjologia
Termodinámica	Termodynamika
Zoología	Zoologia

Días y Meses
Dni i Miesiące

Abril	Kwiecień
Agosto	Sierpień
Año	Rok
Calendario	Kalendarz
Domingo	Niedziela
Enero	Styczeń
Febrero	Luty
Jueves	Czwartek
Julio	Lipiec
Junio	Czerwiec
Lunes	Poniedziałek
Martes	Wtorek
Mes	Miesiąc
Miércoles	Środa
Noviembre	Listopad
Octubre	Październik
Sábado	Sobota
Semana	Tydzień
Septiembre	Wrzesień
Viernes	Piątek

Ecología
Ekologia

Clima	Klimat
Comunidades	Społeczności
Diversidad	Różnorodność
Especie	Gatunek
Fauna	Fauna
Flora	Flora
Global	Światowy
Hábitat	Siedlisko
Marino	Morski
Natural	Naturalny
Naturaleza	Natura
Pantano	Bagno
Plantas	Rośliny
Recursos	Zasoby
Sequía	Susza
Sostenible	Zrównoważony
Supervivencia	Przetrwanie
Variedad	Odmiana
Vegetación	Roślinność
Voluntarios	Wolontariusze

Edificios
Budynek

Albergue	Hostel
Apartamento	Apartament
Cabina	Kabina
Castillo	Zamek
Cine	Kino
Embajada	Ambasada
Escuela	Szkoła
Estadio	Stadion
Fábrica	Fabryka
Garaje	Garaż
Granero	Stodoła
Hospital	Szpital
Hotel	Hotel
Laboratorio	Laboratorium
Museo	Muzeum
Observatorio	Obserwatorium
Supermercado	Supermarket
Teatro	Teatr
Torre	Wieża
Universidad	Uniwersytet

Electricidad
Elektryczność

Almacenamiento	Składowanie
Batería	Bateria
Bombilla	Żarówka
Cable	Kabel
Cables	Przewody
Cantidad	Ilość
Electricista	Elektryk
Eléctrico	Elektryczny
Enchufe	Gniazdo
Equipo	Sprzęt
Generador	Generator
Imán	Magnes
Lámpara	Lampa
Láser	Laser
Negativo	Minus
Objetos	Obiekty
Positivo	Plus
Red	Sieć
Televisión	Telewizja
Teléfono	Telefon

Energía
Energia

Batería	Bateria
Calor	Ciepło
Carbono	Węgiel
Combustible	Paliwo
Diesel	Diesel
Electrón	Elektron
Eléctrico	Elektryczny
Entropía	Entropia
Fotón	Foton
Gasolina	Benzyna
Hidrógeno	Wodór
Industria	Przemysł
Medio Ambiente	Środowisko
Motor	Silnik
Nuclear	Jądrowy
Renovable	Odnawialne
Sol	Słońce
Turbina	Turbina
Vapor	Parowy
Viento	Wiatr

Especias
Przyprawy

Agrio	Kwaśny
Ajo	Czosnek
Amargo	Gorzki
Anís	Anyż
Azafrán	Szafran
Canela	Cynamon
Cardamomo	Kardamon
Cebolla	Cebula
Clavo	Goździk
Comino	Kminek
Curry	Curry
Dulce	Słodkie
Hinojo	Koper Włoski
Jengibre	Imbir
Pimentón	Papryka
Pimienta	Pieprz
Regaliz	Lukrecja
Sabor	Smak
Sal	Sól
Vainilla	Wanilia

Familia
Rodzina

Abuela	Babcia
Abuelo	Dziadek
Antepasado	Przodek
Esposa	Żona
Hermana	Siostra
Hermano	Brat
Hija	Córka
Infancia	Dzieciństwo
Madre	Matka
Marido	Mąż
Materno	Macierzyński
Nieto	Wnuk
Niño	Dziecko
Niños	Dzieci
Padre	Ojciec
Primo	Kuzyn
Sobrina	Siostrzenica
Sobrino	Bratanek
Tía	Ciotka
Tío	Wujek

Filantropía
Filantropia

Caridad	Dobroczynność
Comunidad	Społeczność
Contactos	Łączność
Donar	Podarować
Finanzas	Finanse
Fondos	Fundusze
Generosidad	Hojność
Gente	Ludzie
Global	Światowy
Grupos	Grupy
Historia	Historia
Honestidad	Uczciwość
Humanidad	Ludzkość
Juventud	Młodzież
Metas	Cele
Misión	Misja
Necesitar	Potrzeba
Niños	Dzieci
Programas	Programy
Público	Publiczny

Física
Fizyka

Átomo	Atom
Caos	Chaos
Densidad	Gęstość
Electrón	Elektron
Fórmula	Formuła
Frecuencia	Częstotliwość
Gas	Gaz
Gravedad	Grawitacja
Magnetismo	Magnetyzm
Masa	Masa
Mecánica	Mechanika
Molécula	Cząsteczka
Motor	Silnik
Nuclear	Jądrowy
Partícula	Cząstka
Químico	Chemiczny
Relatividad	Względność
Universal	Uniwersalny
Variable	Zmienna
Velocidad	Prędkość

Flores
Kwiaty

Amapola	Mak
Gardenia	Gardenia
Girasol	Słonecznik
Hibisco	Hibiskus
Jazmín	Jaśmin
Lavanda	Lawenda
Lila	Liliowy
Lirio	Lilia
Magnolia	Magnolia
Margarita	Stokrotka
Narciso	Żonkil
Orquídea	Orchidea
Pasionaria	Passionflower
Peonía	Piwonia
Pétalo	Płatek
Plumeria	Plumeria
Ramo	Bukiet
Rosa	Róża
Trébol	Koniczyna
Tulipán	Tulipan

Formas
Kształty

Arco	Łuk
Bordes	Krawędzie
Cilindro	Cylinder
Círculo	Koło
Cono	Stożek
Cuadrado	Kwadrat
Cubo	Sześcian
Curva	Krzywa
Elipse	Elipsa
Esfera	Kula
Esquina	Narożnik
Hipérbola	Hiperbola
Lado	Bok
Línea	Linia
Oval	Owal
Pirámide	Piramida
Polígono	Wielokąt
Prisma	Pryzmat
Rectángulo	Prostokąt
Triángulo	Trójkąt

Fruta
Owoce

Aguacate	Awokado
Albaricoque	Morela
Baya	Jagoda
Cereza	Wiśnia
Coco	Kokos
Frambuesa	Malina
Guayaba	Guawa
Kiwi	Kiwi
Limón	Cytryna
Mango	Mango
Manzana	Jabłko
Melocotón	Brzoskwinia
Melón	Melon
Naranja	Pomarańczowy
Nectarina	Nektaryna
Papaya	Papaja
Pera	Gruszka
Piña	Ananas
Plátano	Banan
Uva	Winogrono

Fuerza y Gravedad
Siła i Grawitacja

Centro	Centrum
Descubrimiento	Odkrycie
Dinámico	Dynamiczny
Distancia	Odległość
Eje	Oś
Expansión	Ekspansja
Física	Fizyka
Fricción	Tarcie
Impacto	Wpływ
Magnetismo	Magnetyzm
Magnitud	Wielkość
Mecánica	Mechanika
Órbita	Orbita
Peso	Waga
Planetas	Planety
Presión	Ciśnienie
Propiedades	Właściwości
Tiempo	Czas
Universal	Uniwersalny
Velocidad	Prędkość

Gatos
Koty

Afectuoso	Czuły
Cazador	Myśliwy
Cola	Ogon
Curioso	Ciekawy
Dormir	Sen
Garra	Pazur
Gracioso	Zabawny
Hilo	Przędza
Independiente	Niezależny
Juguetón	Figlarny
Loco	Szalony
Pata	Łapa
Personalidad	Osobowość
Piel	Futro
Poco	Mały
Ratón	Mysz
Rápido	Szybki
Salvaje	Dziki
Tímido	Nieśmiały

Geografía
Geografia

Altitud	Wysokość
Atlas	Atlas
Ciudad	Miasto
Continente	Kontynent
Ecuador	Równik
Elevación	Podniesienie
Hemisferio	Półkula
Isla	Wyspa
Mapa	Mapa
Mar	Morze
Meridiano	Południk
Montaña	Góra
Mundo	Świat
Norte	Północ
Oeste	Zachód
País	Kraj
Región	Region
Río	Rzeka
Sur	Południe
Territorio	Terytorium

Geología
Geologia

Ácido	Kwas
Calcio	Wapń
Capa	Warstwa
Caverna	Grota
Continente	Kontynent
Coral	Koral
Cristales	Kryształy
Cuarzo	Kwarc
Erosión	Erozja
Estalactita	Stalaktyt
Estalagmitas	Stalagmity
Fósil	Skamieniałość
Géiser	Gejzer
Lava	Lawa
Meseta	Płaskowyż
Minerales	Minerały
Piedra	Kamień
Sal	Sól
Volcán	Wulkan
Zona	Strefa

Geometría
Geometria

Altura	Wysokość
Ángulo	Kąt
Cálculo	Obliczeń
Curva	Krzywa
Diámetro	Średnica
Dimensión	Wymiar
Ecuación	Równanie
Horizontal	Poziomy
Lógica	Logika
Masa	Masa
Mediana	Mediana
Número	Numer
Paralelo	Równoległy
Proporción	Proporcja
Segmento	Człon
Simetría	Symetria
Superficie	Powierzchnia
Teoría	Teoria
Triángulo	Trójkąt
Vertical	Pionowy

Gobierno
Rząd

Ciudadanía	Obywatelstwo
Civil	Cywilny
Constitución	Konstytucja
Democracia	Demokracja
Derechos	Prawa
Discurso	Mowa
Discusión	Dyskusja
Distrito	Dzielnica
Estado	Stan
Igualdad	Równość
Independencia	Niezależność
Judicial	Sądowy
Ley	Prawo
Libertad	Wolność
Líder	Lider
Monumento	Pomnik
Nacional	Krajowe
Nación	Naród
Política	Polityka
Símbolo	Symbol

Granja #1
Gospodarstwo #1

Abeja	Pszczoła
Agricultura	Rolnictwo
Agua	Woda
Arroz	Ryż
Burro	Osioł
Caballo	Koń
Cabra	Koza
Campo	Pole
Cuervo	Wrona
Fertilizante	Nawóz
Gato	Kot
Heno	Siano
Miel	Miód
Perro	Pies
Pollo	Kurczak
Semillas	Nasiona
Ternero	Cielę
Tierra	Ziemia
Vaca	Krowa
Valla	Ogrodzenie

Granja #2
Gospodarstwo #2

Agricultor	Rolnik
Animales	Zwierząt
Cebada	Jęczmień
Colmena	Ul
Comida	Żywność
Cordero	Jagnię
Fruta	Owoc
Granero	Stodoła
Huerto	Sad
Leche	Mleko
Llama	Lama
Maíz	Kukurydza
Oveja	Owce
Pastor	Pasterz
Pato	Kaczka
Prado	Łąka
Riego	Nawadnianie
Tractor	Ciągnik
Trigo	Pszenica
Vegetal	Warzywo

Herboristería
Zielarstwo

Ajo	Czosnek
Albahaca	Bazylia
Aromático	Aromatyczny
Azafrán	Szafran
Calidad	Jakość
Culinario	Kulinarny
Eneldo	Koper
Estragón	Estragon
Flor	Kwiat
Hinojo	Koper Włoski
Ingrediente	Składnik
Jardín	Ogród
Lavanda	Lawenda
Mejorana	Majeranek
Menta	Mięta
Perejil	Pietruszka
Planta	Roślina
Romero	Rozmaryn
Sabor	Smak
Verde	Zielony

Ingeniería
Inżynieria

Ángulo	Kąt
Cálculo	Obliczeń
Construcción	Budowa
Diagrama	Diagram
Diámetro	Średnica
Diesel	Diesel
Distribución	Dystrybucja
Eje	Oś
Energía	Energia
Estabilidad	Stabilność
Estructura	Struktura
Fricción	Tarcie
Fuerza	Siła
Líquido	Ciecz
Máquina	Maszyna
Medición	Pomiar
Motor	Silnik
Palancas	Dźwignie
Profundidad	Głębokość
Propulsión	Napęd

Insectos
Owady

Abeja	Pszczoła
Avispa	Osa
Avispón	Szerszeń
Áfido	Mszyca
Cigarra	Cykada
Cucaracha	Karaluch
Escarabajo	Chrząszcz
Gusano	Robak
Hormiga	Mrówka
Langosta	Szarańcza
Larva	Larwa
Libélula	Ważka
Mantis	Modliszka
Mariposa	Motyl
Mariquita	Biedronka
Mosquito	Komar
Polilla	Ćma
Pulga	Pchła
Saltamontes	Konik Polny
Termita	Termit

Instrumentos Musicales
Instrumenty Muzyczne

Armónica	Harmonijka
Arpa	Harfa
Banjo	Banjo
Clarinete	Klarnet
Fagot	Fagot
Flauta	Flet
Gong	Gong
Guitarra	Gitara
Mandolina	Mandolina
Marimba	Marimba
Oboe	Obój
Pandereta	Tamburyn
Percusión	Perkusja
Piano	Pianino
Saxofón	Saksofon
Tambor	Bęben
Trombón	Puzon
Trompeta	Trąbka
Violín	Skrzypce
Violonchelo	Wiolonczela

Jardinería
Prace Ogrodowe

Agua	Woda
Botánico	Botaniczny
Clima	Klimat
Comestible	Jadalny
Compost	Kompost
Contenedor	Pojemnik
Especie	Gatunek
Estacional	Sezonowy
Exótico	Egzotyczny
Flor	Kwitnąć
Floral	Kwiatowy
Follaje	Liści
Hoja	Liść
Huerto	Sad
Humedad	Wilgoć
Manguera	Wąż
Ramo	Bukiet
Semillas	Nasiona
Suciedad	Brud
Suelo	Gleba

Jardín
Ogród

Arbusto	Krzak
Árbol	Drzewo
Banco	Ławka
Césped	Trawnik
Estanque	Staw
Flor	Kwiat
Garaje	Garaż
Hamaca	Hamak
Hierba	Trawa
Huerto	Sad
Jardín	Ogród
Malezas	Chwasty
Manguera	Wąż
Pala	Łopata
Porche	Ganek
Rastrillo	Grabie
Suelo	Gleba
Terraza	Taras
Trampolín	Trampolina
Valla	Ogrodzenie

Jazz
Jazz

Artista	Artysta
Álbum	Album
Canción	Piosenka
Composición	Kompozycja
Compositor	Kompozytor
Concierto	Koncert
Estilo	Styl
Énfasis	Nacisk
Famoso	Sławny
Favoritos	Ulubione
Género	Gatunek
Improvisación	Improwizacja
Música	Muzyka
Nuevo	Nowy
Orquesta	Orkiestra
Ritmo	Rytm
Talento	Talent
Tambores	Bębny
Técnica	Technika
Viejo	Stary

La Empresa
Przedsiębiorstwo

Calidad	Jakość
Creativo	Twórczy
Decisión	Decyzja
Empleo	Zatrudnienie
Global	Światowy
Industria	Przemysł
Ingresos	Przychód
Innovador	Innowacyjny
Inversión	Inwestycja
Negocio	Biznes
Posibilidad	Możliwość
Presentación	Prezentacja
Producto	Produkt
Profesional	Profesjonalny
Progreso	Postęp
Recursos	Zasoby
Reputación	Reputacja
Riesgos	Ryzyka
Tendencias	Trendy
Unidades	Jednostki

Libros
Książki

Autor	Autor
Aventura	Przygoda
Colección	Kolekcja
Contexto	Kontekst
Dualidad	Dualizm
Escrito	Pisemny
Historia	Historia
Histórico	Historyczny
Humorístico	Humorystyczny
Inventivo	Wynalazczy
Lector	Czytelnik
Literario	Literacki
Narrador	Narrator
Novela	Powieść
Página	Strona
Pertinente	Istotne
Poema	Wiersz
Poesía	Poezja
Serie	Seria
Trágico	Tragiczny

Literatura
Literatura

Analogía	Analogia
Análisis	Analiza
Anécdota	Anegdota
Autor	Autor
Biografía	Biografia
Comparación	Porównanie
Conclusión	Wniosek
Descripción	Opis
Diálogo	Dialog
Estilo	Styl
Ficción	Fikcja
Metáfora	Metafora
Narrador	Narrator
Novela	Powieść
Poema	Wiersz
Poético	Poetycki
Rima	Rym
Ritmo	Rytm
Tema	Temat
Tragedia	Tragedia

Los Medios de Comunicación
Media

Actitudes	Postawy
Comercial	Komercyjne
Comunicación	Komunikacja
Digital	Cyfrowy
Edición	Wydanie
Educación	Edukacja
En Línea	Online
Financiación	Finansowanie
Fotos	Zdjęcia
Hechos	Fakty
Industria	Przemysł
Intelectual	Intelektualny
Local	Lokalny
Opinión	Opinia
Periódicos	Gazety
Público	Publiczny
Radio	Radio
Red	Sieć
Revistas	Czasopisma
Televisión	Telewizja

Mamíferos
Ssaki

Ballena	Wieloryb
Burro	Osioł
Caballo	Koń
Camello	Wielbłąd
Canguro	Kangur
Cebra	Zebra
Conejo	Królik
Coyote	Kojot
Delfín	Delfin
Elefante	Słoń
Gato	Kot
Gorila	Goryl
Jirafa	Żyrafa
Lobo	Wilk
Mono	Małpa
Oso	Niedźwiedź
Oveja	Owce
Perro	Pies
Toro	Byk
Zorro	Lis

Mascotas
Zwierzęta Domowe

Agua	Woda
Cabra	Koza
Cachorro	Szczeniak
Cola	Ogon
Collar	Kołnierz
Comida	Żywność
Conejo	Królik
Correa	Smycz
Garras	Pazury
Gatito	Kotek
Gato	Kot
Hámster	Chomik
Lagarto	Jaszczurka
Loro	Papuga
Patas	Łapy
Perro	Pies
Pescado	Ryba
Ratón	Mysz
Tortuga	Żółw
Vaca	Krowa

Matemáticas
Matematyka

Aritmética	Arytmetyka
Ángulos	Kąty
Circunferencia	Obwód
Cuadrado	Kwadrat
Decimal	Dziesiętny
Diámetro	Średnica
Ecuación	Równanie
Esfera	Kula
Exponente	Wykładnik
Fracción	Frakcja
Geometría	Geometria
Paralelo	Równoległy
Paralelogramo	Równoległobok
Perpendicular	Prostopadły
Polígono	Wielokąt
Radio	Promień
Rectángulo	Prostokąt
Simetría	Symetria
Triángulo	Trójkąt
Volumen	Objętość

Mediciones
Pomiary

Altura	Wysokość
Ancho	Szerokość
Byte	Bajt
Centímetro	Centymetr
Decimal	Dziesiętny
Grado	Stopień
Gramo	Gram
Kilogramo	Kilogram
Kilómetro	Kilometr
Litro	Litr
Longitud	Długość
Masa	Masa
Metro	Metr
Minuto	Minuta
Onza	Uncja
Peso	Waga
Profundidad	Głębokość
Pulgada	Cal
Tonelada	Tona
Volumen	Objętość

Meditación
Medytacja

Aceptación	Przyjęcie
Atención	Uwaga
Bondad	Życzliwość
Calma	Spokój
Claridad	Przejrzystość
Compasión	Współczucie
Emociones	Emocje
Gratitud	Wdzięczność
Mental	Psychiczny
Mente	Umysł
Movimiento	Ruch
Música	Muzyka
Naturaleza	Natura
Observación	Obserwacja
Paz	Pokój
Pensamientos	Myśli
Perspectiva	Perspektywa
Postura	Postawa
Respiración	Oddechowy
Silencio	Cisza

Mitología
Mitologia

Arquetipo	Archetyp
Celos	Zazdrość
Cielo	Niebo
Comportamiento	Zachowanie
Creación	Kreacja
Creencias	Wierzenia
Criatura	Stworzenie
Cultura	Kultura
Deidades	Bóstw
Desastre	Katastrofa
Fuerza	Siła
Guerrero	Wojownik
Héroe	Bohater
Laberinto	Labirynt
Leyenda	Legenda
Monstruo	Potwór
Mortal	Śmiertelny
Rayo	Piorun
Trueno	Grzmot
Venganza	Zemsta

Moda
Moda

Asequible	Niedrogie
Bordado	Haft
Botones	Przyciski
Boutique	Butik
Caro	Drogi
Elegante	Elegancki
Encaje	Koronki
Estilo	Styl
Mediciones	Pomiary
Moderno	Nowoczesny
Modesto	Skromny
Original	Oryginał
Patrón	Wzór
Práctico	Praktyczny
Ropa	Odzież
Sencillo	Prosty
Sofisticado	Wyrafinowany
Tejido	Tkanina
Tendencia	Tendencja
Textura	Tekstura

Música
Muzyka

Armonía	Harmonia
Armónico	Harmoniczny
Álbum	Album
Balada	Ballada
Cantante	Piosenkarz
Cantar	Śpiewać
Clásico	Klasyczny
Coro	Chór
Grabación	Nagranie
Improvisar	Improwizować
Instrumento	Instrument
Melodía	Melodia
Micrófono	Mikrofon
Musical	Musical
Músico	Muzyk
Ópera	Opera
Poético	Poetycki
Ritmo	Rytm
Tempo	Tempo
Vocal	Wokal

Naturaleza
Przyroda

Abejas	Pszczoły
Animales	Zwierząt
Ártico	Arktyczny
Belleza	Piękno
Bosque	Las
Desierto	Pustynia
Dinámico	Dynamiczny
Erosión	Erozja
Follaje	Liści
Glaciar	Lodowiec
Niebla	Mgła
Nubes	Chmury
Pacífico	Spokojna
Refugio	Schronienie
Río	Rzeka
Salvaje	Dziki
Santuario	Sanktuarium
Sereno	Spokojny
Tropical	Tropikalny
Vital	Istotne

Negocio
Biznes

Carrera	Kariera
Costo	Koszt
Descuento	Rabat
Dinero	Pieniądze
Economía	Ekonomia
Empleado	Pracownik
Empleador	Pracodawca
Empresa	Firma
Fábrica	Fabryka
Finanzas	Finanse
Impuestos	Podatki
Inversión	Inwestycja
Mercancía	Towar
Moneda	Waluta
Oficina	Biuro
Personal	Personel
Presupuesto	Budżet
Tienda	Sklep
Transacción	Transakcja
Venta	Sprzedaż

Nutrición
Odżywianie

Amargo	Gorzki
Apetito	Apetyt
Calidad	Jakość
Calorías	Kalorie
Carbohidratos	Węglowodany
Cereales	Zboża
Comestible	Jadalny
Dieta	Dieta
Digestión	Trawienie
Equilibrado	Zrównoważony
Fermentación	Fermentacja
Hábitos	Nawyki
Peso	Waga
Proteínas	Białka
Sabor	Smak
Salsa	Sos
Salud	Zdrowie
Saludable	Zdrowy
Toxina	Toksyna
Vitamina	Witamina

Números
Liczby

Catorce	Czternaście
Cero	Zero
Cinco	Pięć
Cuatro	Cztery
Decimal	Dziesiętny
Dieciocho	Osiemnaście
Dieciséis	Szesnaście
Diecisiete	Siedemnaście
Diez	Dziesięć
Doce	Dwanaście
Dos	Dwa
Nueve	Dziewięć
Ocho	Osiem
Quince	Piętnaście
Seis	Sześć
Siete	Siedem
Trece	Trzynaście
Tres	Trzy
Uno	Jeden
Veinte	Dwadzieścia

Océano
Ocean

Alga	Glony
Anguila	Węgorz
Arrecife	Rafa
Atún	Tuńczyk
Ballena	Wieloryb
Barco	Łódź
Camarón	Krewetka
Cangrejo	Krab
Coral	Koral
Delfín	Delfin
Esponja	Gąbka
Mareas	Pływy
Medusa	Meduza
Ostra	Ostryga
Pescado	Ryba
Pulpo	Ośmiornica
Sal	Sól
Tiburón	Rekin
Tormenta	Burza
Tortuga	Żółw

Paisajes
Krajobrazy

Cascada	Wodospad
Cueva	Jaskinia
Desierto	Pustynia
Géiser	Gejzer
Glaciar	Lodowiec
Golfo	Zatoka
Iceberg	Góra Lodowa
Isla	Wyspa
Lago	Jezioro
Laguna	Laguna
Mar	Morze
Montaña	Góra
Oasis	Oaza
Pantano	Bagno
Península	Półwysep
Playa	Plaża
Río	Rzeka
Tundra	Tundra
Valle	Dolina
Volcán	Wulkan

Países #1
Kraje # 1

Alemania	Niemcy
Argentina	Argentyna
Bélgica	Belgia
Brasil	Brazylia
Canadá	Kanada
Ecuador	Ekwador
Egipto	Egipt
España	Hiszpania
Filipinas	Filipiny
Honduras	Honduras
India	Indie
Italia	Włochy
Libia	Libia
Malí	Mali
Marruecos	Maroko
Nicaragua	Nikaragua
Noruega	Norwegia
Panamá	Panama
Polonia	Polska
Venezuela	Wenezuela

Países #2
Kraje # 2

Albania	Albania
Australia	Australia
Austria	Austria
Dinamarca	Dania
Etiopía	Etiopia
Francia	Francja
Grecia	Grecja
Indonesia	Indonezja
Irlanda	Irlandia
Jamaica	Jamajka
Japón	Japonia
Laos	Laos
México	Meksyk
Pakistán	Pakistan
Portugal	Portugalia
Rusia	Rosja
Siria	Syria
Sudán	Sudan
Ucrania	Ukraina
Uganda	Uganda

Pájaros
Ptaki

Avestruz	Struś
Águila	Orzeł
Cigüeña	Bocian
Cisne	Łabędź
Cuco	Kukułka
Cuervo	Wrona
Flamenco	Flaming
Ganso	Gęś
Garza	Czapla
Gaviota	Mewa
Gorrión	Wróbel
Halcón	Jastrząb
Huevo	Jajko
Loro	Papuga
Paloma	Gołąb
Pato	Kaczka
Pelícano	Pelikan
Pingüino	Pingwin
Pollo	Kurczak
Tucán	Tukan

Plantas
Rośliny

Arbusto	Krzak
Árbol	Drzewo
Bambú	Bambus
Baya	Jagoda
Bosque	Las
Botánica	Botanika
Cactus	Kaktus
Fertilizante	Nawóz
Flor	Kwiat
Flora	Flora
Follaje	Liści
Frijol	Fasola
Hiedra	Bluszcz
Hierba	Trawa
Hoja	Liść
Jardín	Ogród
Musgo	Mech
Pétalo	Płatek
Raíz	Źródło
Vegetación	Roślinność

Profesiones #1
Zawody # 1

Abogado	Adwokat
Astrónomo	Astronom
Atleta	Atleta
Bailarín	Tancerz
Banquero	Bankier
Bombero	Strażak
Cartógrafo	Kartograf
Cazador	Myśliwy
Científico	Naukowiec
Doctor	Lekarz
Editor	Redaktor
Embajador	Ambasador
Enfermera	Pielęgniarka
Entrenador	Trener
Fontanero	Hydraulik
Geólogo	Geolog
Joyero	Jubiler
Músico	Muzyk
Pianista	Pianista
Psicólogo	Psycholog

Profesiones #2
Zawody # 2

Astronauta	Astronauta
Bibliotecario	Bibliotekarz
Biólogo	Biolog
Cirujano	Chirurg
Dentista	Dentysta
Detective	Detektyw
Filósofo	Filozof
Fotógrafo	Fotograf
Ilustrador	Ilustrator
Ingeniero	Inżynier
Inventor	Wynalazca
Investigador	Badacz
Jardinero	Ogrodnik
Lingüista	Językoznawca
Médico	Lekarz
Periodista	Dziennikarz
Piloto	Pilot
Pintor	Malarz
Profesor	Nauczyciel
Zoólogo	Zoolog

Psicología
Psychologia

Cita	Spotkanie
Clínico	Kliniczny
Cognición	Poznanie
Comportamiento	Zachowanie
Conflicto	Konflikt
Ego	Ego
Emociones	Emocje
Evaluación	Ocena
Ideas	Pomysły
Inconsciente	Nieprzytomny
Infancia	Dzieciństwo
Pensamientos	Myśli
Percepción	Postrzeganie
Personalidad	Osobowość
Problema	Problem
Realidad	Rzeczywistość
Sensación	Uczucie
Subconsciente	Podświadomy
Sueños	Marzenia
Terapia	Terapia

Química
Chemia

Alcalino	Alkaliczny
Ácido	Kwas
Calor	Ciepło
Carbono	Węgiel
Catalizador	Katalizator
Cloro	Chlor
Electrón	Elektron
Enzima	Enzym
Gas	Gaz
Hidrógeno	Wodór
Ion	Jon
Líquido	Ciecz
Metales	Metale
Molécula	Cząsteczka
Nuclear	Jądrowy
Oxígeno	Tlen
Peso	Waga
Reacción	Reakcja
Sal	Sól
Temperatura	Temperatura

Restaurante #1
Restauracja # 1

Alergia	Alergia
Café	Kawa
Cajero	Kasjer
Camarera	Kelnerka
Carne	Mięso
Cocina	Kuchnia
Comer	Jeść
Comida	Żywność
Cuchillo	Nóż
Ingredientes	Składniki
Menú	Menu
Pan	Chleb
Picante	Pikantny
Plato	Talerz
Pollo	Kurczak
Postre	Deser
Reserva	Rezerwacja
Salsa	Sos
Servilleta	Serwetka
Tazón	Miska

Restaurante #2
Restauracja # 2

Agua	Woda
Aperitivo	Przystawka
Bebida	Napój
Camarero	Kelner
Cena	Obiad
Cuchara	Łyżka
Delicioso	Pyszny
Ensalada	Sałatka
Especias	Przyprawy
Fideos	Makaron
Fruta	Owoc
Hielo	Lód
Huevos	Jaja
Pastel	Ciasto
Pescado	Ryba
Sal	Sól
Silla	Krzesło
Sopa	Zupa
Tenedor	Widelec
Verduras	Warzywa

Ropa
Ubrania

Abrigo	Płaszcz
Blusa	Bluza
Bufanda	Szalik
Camisa	Koszula
Chaqueta	Kurtka
Cinturón	Pas
Collar	Naszyjnik
Delantal	Fartuch
Falda	Spódnica
Guantes	Rękawiczki
Joyas	Biżuteria
Moda	Moda
Pantalones	Spodnie
Pijama	Piżama
Pulsera	Bransoletka
Sandalias	Sandały
Sombrero	Kapelusz
Suéter	Sweter
Vestido	Sukienka
Zapato	But

Salud y Bienestar #1
Zdrowie i Wellness # 1

Activo	Aktywny
Altura	Wysokość
Bacterias	Bakteria
Clínica	Klinika
Doctor	Lekarz
Farmacia	Apteka
Fractura	Złamanie
Hambre	Głód
Hábito	Nawyk
Hormonas	Hormony
Huesos	Kości
Medicina	Medycyna
Músculos	Mięśnie
Piel	Skóra
Postura	Postawa
Reflejo	Odruch
Relajación	Relaks
Terapia	Terapia
Tratamiento	Leczenie
Virus	Wirus

Salud y Bienestar #2
Zdrowie i Wellness # 2

Alergia	Alergia
Anatomía	Anatomia
Apetito	Apetyt
Caloría	Kaloria
Deshidratación	Odwodnienie
Dieta	Dieta
Digestión	Trawienie
Energía	Energia
Enfermedad	Choroba
Estrés	Stres
Genética	Genetyka
Higiene	Higiena
Hospital	Szpital
Infección	Infekcja
Masaje	Masaż
Nutrición	Odżywianie
Peso	Waga
Saludable	Zdrowy
Sangre	Krew
Vitamina	Witamina

Senderismo
Turystyka Piesza

Acantilado	Klif
Agua	Woda
Animales	Zwierząt
Botas	Buty
Camping	Kemping
Cansado	Zmęczony
Clima	Klimat
Cumbre	Szczyt
Guías	Przewodniki
Mapa	Mapa
Montaña	Góra
Mosquitos	Komary
Naturaleza	Natura
Orientación	Orientacja
Parques	Parki
Pesado	Ciężki
Piedras	Kamienie
Preparación	Przygotowanie
Salvaje	Dziki
Sol	Słońce

Suministros de Arte
Materiały Artystyczne

Aceite	Olej
Acrílico	Akryl
Acuarelas	Akwarele
Agua	Woda
Arcilla	Glina
Borrador	Gumka
Caballete	Sztaluga
Cámara	Kamera
Cepillos	Pędzle
Colores	Kolory
Creatividad	Kreatywność
Ideas	Pomysły
Lápices	Ołówki
Mesa	Stół
Papel	Papier
Pasteles	Pastele
Pegamento	Klej
Pinturas	Farby
Silla	Krzesło
Tinta	Atrament

Tiempo
Czas

Ahora	Teraz
Antes	Przed
Anual	Roczne
Año	Rok
Ayer	Wczoraj
Calendario	Kalendarz
Década	Dekada
Día	Dzień
Futuro	Przyszłość
Hora	Godzina
Hoy	Dzisiaj
Mañana	Rano
Mediodía	Południe
Mes	Miesiąc
Minuto	Minuta
Momento	Moment
Noche	Noc
Reloj	Zegar
Semana	Tydzień
Siglo	Stulecie

Tipos de Cabello
Rodzaje Włosów

Blanco	Biały
Brillante	Błyszczący
Calvo	Łysy
Corto	Krótki
Delgada	Cienki
Gris	Szary
Grueso	Gruby
Largo	Długie
Marrón	Brązowy
Negro	Czarny
Ondulado	Falisty
Plata	Srebro
Rizado	Kręcone
Rizos	Loki
Rubio	Blond
Saludable	Zdrowy
Seco	Suchy
Suave	Miękki
Trenzado	Pleciony
Trenzas	Warkocze

Universo
Wszechświat

Asteroide	Asteroida
Astronomía	Astronomia
Astrónomo	Astronom
Atmósfera	Atmosfera
Celestial	Niebiański
Cielo	Niebo
Cósmico	Kosmiczny
Ecuador	Równik
Eón	Eon
Galaxia	Galaktyka
Hemisferio	Półkula
Horizonte	Horyzont
Luna	Księżyc
Oscuridad	Ciemność
Órbita	Orbita
Solar	Słoneczny
Solsticio	Przesilenie
Telescopio	Teleskop
Visible	Widoczny
Zodíaco	Zodiak

Vacaciones #2
Wakacje # 2

Aeropuerto	Lotnisko
Carpa	Namiot
Extranjero	Cudzoziemiec
Fotos	Zdjęcia
Hotel	Hotel
Isla	Wyspa
Mapa	Mapa
Mar	Morze
Montañas	Góry
Ocio	Wypoczynek
Pasaporte	Paszport
Playa	Plaża
Reservas	Rezerwacje
Restaurante	Restauracja
Taxi	Taxi
Transporte	Transport
Tren	Pociąg
Vacaciones	Wakacje
Viaje	Podróż
Visa	Wiza

Vehículos
Pojazdy

Ambulancia	Ambulans
Autobús	Autobus
Avión	Samolot
Balsa	Tratwa
Barco	Łódź
Bicicleta	Rower
Camión	Ciężarówka
Caravana	Karawana
Coche	Samochód
Cohete	Rakieta
Ferry	Prom
Furgoneta	Van
Helicóptero	Śmigłowiec
Metro	Metro
Motor	Silnik
Neumáticos	Opony
Submarino	Łódź Podwodna
Taxi	Taxi
Tractor	Ciągnik
Tren	Pociąg

Verduras
Warzywa

Ajo	Czosnek
Alcachofa	Karczoch
Apio	Seler
Berenjena	Bakłażan
Brócoli	Brokuły
Calabaza	Dynia
Cebolla	Cebula
Ensalada	Sałatka
Espinacas	Szpinak
Guisante	Groch
Jengibre	Imbir
Nabo	Rzepa
Oliva	Oliwa
Patata	Ziemniak
Pepino	Ogórek
Perejil	Pietruszka
Rábano	Rzodkiewka
Seta	Grzyb
Tomate	Pomidor
Zanahoria	Marchewka

Enhorabuena

Lo has conseguido!

Esperamos que hayas disfrutado de este libro tanto como nosotros al diseñarlo. Nos esforzamos por crear libros de la máxima calidad posible.
Esta edición está diseñada para proporcionar un aprendizaje inteligente, de calidad y divertido!

¿Te ha gustado este libro?

Una Petición Sencilla

Estos libros existen gracias a las reseñas que se publican.
¿Podrías ayudarnos dejando una reseña ahora?
Aquí tienes un breve enlace a la página de reseñas

BestBooksActivity.com/Opiniones50

¡DESAFÍO FINAL!

Reto n°1

¿Estás listo para tu juego gratis? Los utilizamos siempre, pero no son tan fáciles de encontrar. ¡Aquí están los **Sinónimos!**

Escribe 5 palabras que hayas encontrado en los rompecabezas (#21, #36, #76) y trata de encontrar 2 sinónimos para cada palabra.

Escriba 5 palabras del *Puzzle 21*

Palabras	Sinónimo 1	Sinónimo 2

Escriba 5 palabras del *Puzzle 36*

Palabras	Sinónimo 1	Sinónimo 2

Escriba 5 palabras del *Puzzle 76*

Palabras	Sinónimo 1	Sinónimo 2

Reto n°2

Ahora que te has calentado, escribe 5 palabras que hayas encontrado en los Puzzles 9, 17 y 25 e intenta encontrar 2 antónimos para cada palabra. ¿Cuántos puedes encontrar en 20 minutos?

Escriba 5 palabras del *Puzzle 9*

Palabras	Antónimo 1	Antónimo 2

Escriba 5 palabras del *Puzzle 17*

Palabras	Antónimo 1	Antónimo 2

Escriba 5 palabras del *Puzzle 25*

Palabras	Antónimo 1	Antónimo 2

Reto n°3

¡Genial! Este desafío final no es nada para ti.

¿Preparado para el reto final? Elige 10 palabras que hayas descubierto en los diferentes rompecabezas y escríbelas a continuación.

1.	6.
2.	7.
3.	8.
4.	9.
5.	10.

Ahora escribe un texto pensando en una persona, un animal o un lugar que te guste.

Puedes usar la última página de este libro como borrador.

Tu Composición:

CUADERNO DE NOTAS :

HASTA PRONTO !

Todo el Equipo

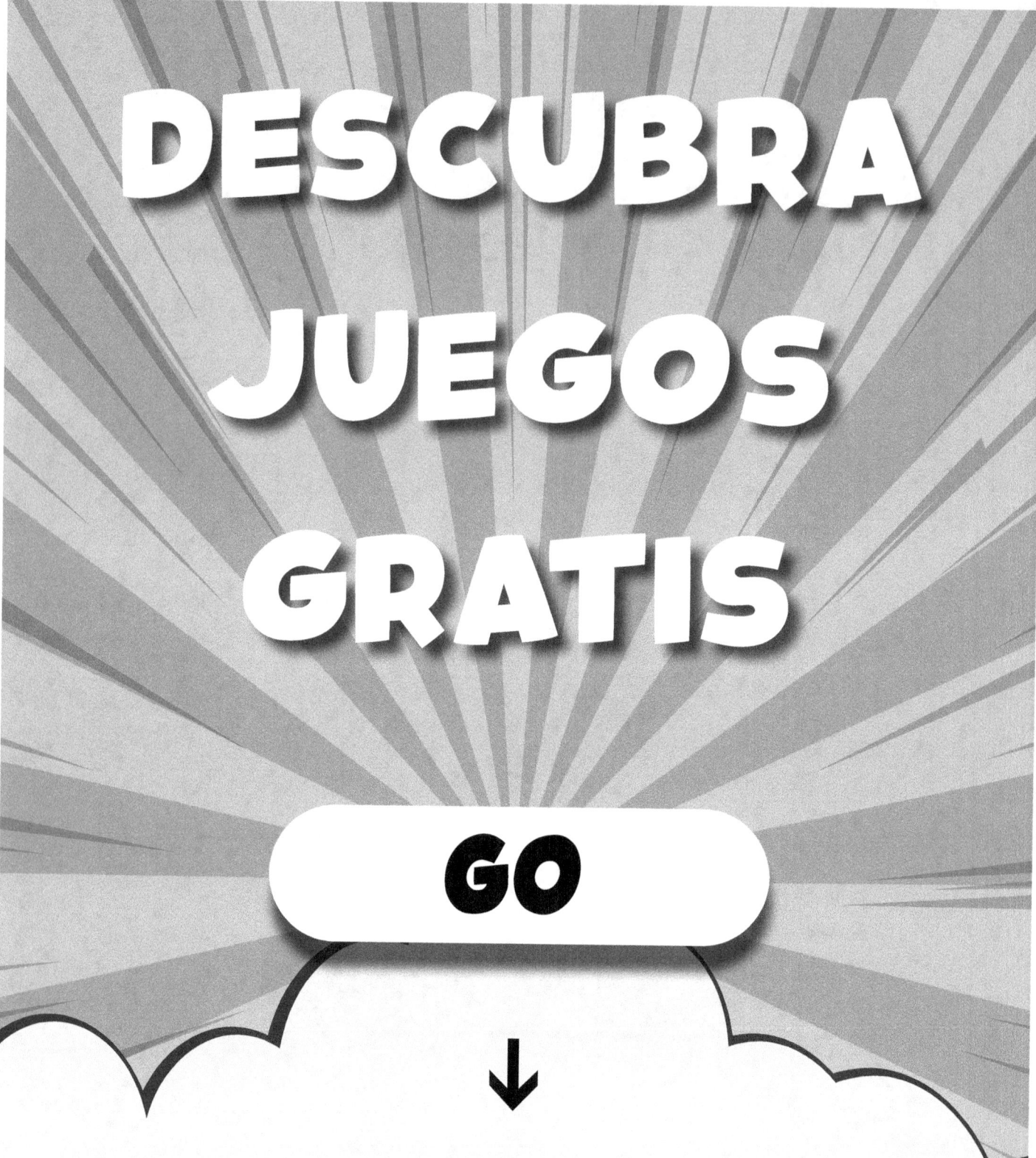

DESCUBRA JUEGOS GRATIS

GO

↓

BESTACTIVITYBOOKS.COM/FREEGAMES

www.ingramcontent.com/pod-product-compliance
Lightning Source LLC
Chambersburg PA
CBHW082036120626

46553CB00011B/3189